2019年贵州省职业教育科研项目"新时代背景下贵州高职院校特优发展的路径与策略研究"
2016年铜仁职院职业教育研究重大招标课题"优质高校建设的内涵、标准、实现路径和检测指标研究"
2016年贵州省教育改革发展研究重大课题"贵州职业教育服务大扶贫战略实施路径研究"
——阶段性成果

优质高职院校的探索与实践

——以铜仁职业技术学院为例

主　编　张景春　　杨春光　　杨政水
　　　　徐　联
副主编　覃礼涛　　雷国平　　张命华
　　　　陈荣强　　田银萍　　张家俊
　　　　田　青　　熊景鸣

北京理工大学出版社
BEIJING INSTITUTE OF TECHNOLOGY PRESS

版权专有　侵权必究

图书在版编目（CIP）数据

优质高职院校的探索与实践：以铜仁职业技术学院为例 / 张景春等主编. —北京：北京理工大学出版社，2019.12
　ISBN 978-7-5682-8020-4

　Ⅰ. ①优… Ⅱ. ①张… Ⅲ. ①高等职业教育-教学研究-铜仁 Ⅳ. ①G718.5

中国版本图书馆 CIP 数据核字（2019）第 297727 号

出版发行 /	北京理工大学出版社有限责任公司
社　　址 /	北京市海淀区中关村南大街 5 号
邮　　编 /	100081
电　　话 /	（010）68914775（总编室）
	（010）82562903（教材售后服务热线）
	（010）68948451（其他图书服务热线）
网　　址 /	http：//www.bitpress.com.cn
经　　销 /	全国各地新华书店
印　　刷 /	定州市新华印刷有限公司
开　　本 /	710 毫米×1000 毫米　1/16
印　　张 /	15.5
字　　数 /	230 千字
版　　次 /	2019 年 12 月第 1 版　2019 年 12 月第 1 次印刷
定　　价 /	75.00 元
责任编辑 /	张荣君
文案编辑 /	张荣君
责任校对 /	周瑞红
责任印制 /	边心超

图书出现印装质量问题，请拨打售后服务热线，本社负责调换

编 委 会

主　编：张景春　杨春光　杨政水　徐　联
副主编：覃礼涛　雷国平　张命华　陈荣强
　　　　田银萍　张家俊　田　青　熊景鸣
编　委：黄雪飞　文晓棠　晏龙强　张建平
　　　　吴　玉　王先华　陈　康　邓振华
　　　　秦中应　饶茂阳　谭子安　吴　敏
　　　　陈　琳　朱晓毅　徐友英　李吉祥

前　　言

我国职业教育经过百余年的发展探索，积累了厚实的发展基础，尤其是在国家示范校、骨干校建设计划的支持下，办学规模稳步增长，办学条件不断改善，办学质量持续提升。进入新时代，随着"中国制造2025""大国工匠""乡村振兴""创新驱动发展"等重大发展战略的推进和经济社会的快速发展，职业教育体量大而不强、校企合作广而不深、人才质量有待提高、制度体系有待完善等问题日益凸显，亟需能够真正突出内涵建设的项目来指引我国高等职业教育的发展。

2015年，教育部发布《高等职业教育创新发展行动计划（2015—2018年）》，明确提出"坚持以示范建设引领发展，鼓励支持地方建设一批办学定位准确、专业特色鲜明、社会服务能力强、综合办学水平领先、与地方经济社会发展需要契合度高、行业优势突出的优质专科高等职业院校"，标志着优质高职院校的建设的新征程正式开始。但优质高职院校应该建什么和怎么建等关乎于内涵、标准和路径等一系列问题尚无统一标准。

鉴于此，本书在综合相关政策文件和部分职业教育专家见解的基础上，以铜仁职业技术学院优质校建设为例，深入分析优质高职院校的内涵、标准、检测指标。

在国家优质高职院校认定即将结束的关键时期，国务院和教育部相继颁布了《国家职业教育改革实施方案》（以下简称"职教20条"）和《关于实施中国特色高水平高职学校和专业建设计划的意见》（以下简称"双高计划"），提出了一系列新目标、新论断、新要求，明确了职业教育未来10年的改革任务，正式开启了中国特色高水平高职学校和专业建设新篇章。

鉴于此，本书最后详细解读了"职教20条"和"双高计划"两大文件，并以铜仁职业技术学院贯彻落实"职教20条"和申创"双高计划"的具体举措为例，为优质高职院校建设之后启动的新一轮"双高计划"所做的规划与行动供大家参考。

本书在编写过程中，参考了大量的相关著作、文献资料，得到了编委会及同行专家的大力支持和帮助，在此一并向有关作者及专家表示真挚的感谢。

编　者

2019 年 9 月 10 日

目　　录

第一编　什么是优质高职院校

第一章　优质高职院校的内涵 2
  一、高等职业教育的发展历程 2
  二、优质高职院校的定义 9
  三、优质高职院校建设的意义 10
  四、优质高职院校的内涵 11

第二章　优质高职院校的标准 14
  一、贵州：《省教育厅办公室关于开展 2016 年贵州省优质高职院校评选工作的通知》 14
  二、广东：《广东省教育厅 广东省财政厅关于实施广东省一流高职院校建设计划的通知》 16
  三、浙江：《浙江省教育厅 浙江省财政厅关于在高职院校实施优质暨重点校建设计划的通知》 17
  四、山东：《山东省教育厅 山东省财政厅关于实施山东省优质高职院校建设工程的通知》 18
  五、湖南：《关于实施湖南省卓越职业院校建设计划的通知》 19
  六、四川：《四川省教育厅关于实施四川省优质高等职业院校建设计划的通知》 21
  七、云南：《云南省教育厅关于实施云南省优质高职院校建设计划的通知》 24
  八、共性标准 26
  九、优质高职院校指标体系 28

第二编　优质高职院校怎么建

第三章　优质高职院校建设总体规划——以铜仁职业技术学院为例 ………… 33
  一、总体目标 ………………………………………………………… 33
  二、建设思路 ………………………………………………………… 33
  三、具体目标 ………………………………………………………… 34

第四章　综合改革项目建设路径 ………………………………………… 37
  一、内部管理体制改革 ……………………………………………… 37
  二、人事管理制度改革 ……………………………………………… 38
  三、人才培养机制改革 ……………………………………………… 39
  四、内部质量保证体系建设 ………………………………………… 40

第五章　师资队伍建设路径 ……………………………………………… 42
  一、坚持"高标准"，严把"入职关" ……………………………… 42
  二、实施"名师工程"，严把"素质关" …………………………… 43
  三、构建"发展平台"，严把"能力关" …………………………… 45
  四、实施"双师工程"，严把"技能关" …………………………… 46
  五、开展"课堂改革"，严把"质量关" …………………………… 47

第六章　高水平专业建设路径 …………………………………………… 49
  一、畜牧兽医专业 …………………………………………………… 49
  二、药品生产技术专业 ……………………………………………… 59
  三、康复治疗技术专业 ……………………………………………… 73
  四、汽车运用与维修技术专业 ……………………………………… 96
  五、会计专业 ………………………………………………………… 108
  六、计算机网络技术专业 …………………………………………… 123
  七、旅游管理专业 …………………………………………………… 139
  八、护理专业 ………………………………………………………… 146

第七章　科研与社会服务建设路径 ……………………………………… 159
  一、平台建设 ………………………………………………………… 159
  二、团队建设 ………………………………………………………… 161

三、科研与服务机制建设 ……………………………………… 161
　　四、人才服务能力建设 …………………………………………… 163
　　五、技术服务能力建设 …………………………………………… 164
　　六、文化服务能力建设 …………………………………………… 164
第八章　国际交流与合作建设路径 …………………………………… 165
　　一、国际化校园文化氛围营造 …………………………………… 165
　　二、国际合作提升项目建设 ……………………………………… 166
　　三、来华留学生汉语教学与培训基地建设 ……………………… 168
　　四、师资队伍国际化建设 ………………………………………… 171
　　五、服务地方政府国际交流建设 ………………………………… 172
第九章　内部质量保证体系诊断与改进路径 ………………………… 173
　　一、内部质量保证体系诊断与改进工作 ………………………… 173
　　二、内部质量保证体系诊断与改进工作的主要任务 …………… 175
　　三、内部质量保证体系诊断与改进工作主要举措 ……………… 177
　　四、内部质量保证体系诊断与改进工作成效 …………………… 188

第三编　优质高职院校建设成效

第十章　优质高职院校建设概况 ……………………………………… 192
第十一章　铜仁职业技术学院建设成效 ……………………………… 200
　　一、项目实施效果 ………………………………………………… 200
　　二、取得可量化的绩效结果 ……………………………………… 202
　　三、标志性成果 …………………………………………………… 204

第四编　高水平高职教育的探索

第十二章　贯彻落实"职教20条",推动教育教学改革向纵深发展 …… 207
　　一、"职教20年"解读 …………………………………………… 207
　　二、贯彻"职教20条"的任务与举措 ………………………… 213
第十三章　高品质定位、高标准建设推动学校和专业群高水平发展 …… 220
　　一、"双高计划"解读 …………………………………………… 220

二、"双高计划"申报条件 …………………………………………… 222

三、中国特色高水平高职学校创建路径——以铜仁职业技术学院

    为例 …………………………………………………………… 224

四、高水平专业创建路径——以铜仁职业技术学院为例 ………… 228

参考文献 ………………………………………………………………… 234

第一编

什么是优质高职院校

第一章　优质高职院校的内涵

2015年10月，教育部发布《高等职业教育创新发展行动计划（2015—2018年）》，规划了新一轮高等职业教育改革创新发展的蓝图，正式启动了200所优质高职院校的计划。与示范性高职院校计划和骨干高职院校计划自上而下的层层遴选、认定、建设和验收的模式不同，优质高职院校建设计划采用了自下而上的模式，各院校自主探索建设，省级教育行政部门统筹区域内的项目建设和认定，最终由教育部于2019年认定200所优质高职院校。由于优质高职院校的内涵没有一个相对统一或标准的指标体系，所以我们希望通过对高等职业教育发展历程、优质高职院校的定义、优质高职院校建设的意义等问题的讨论，理清优质高职院校建设的内在逻辑，并在此基础上探讨优质高职院校的内涵体系。

一、高等职业教育的发展历程

职业教育的发展，在中国教育发展史上其实是起步最早的。晚清时期，由于列强入侵和洋务运动的推行，建立了福建马尾船政学堂。学堂除开设理论课程外，还开设了实践课堂，这就是我国最早的具有职业教育性质的学堂。1912—1949年，欧美职业教育的飞速发展给了国内有识之士以启示，将职业教育作为重要教育类型加以关注。1917年，由黄炎培发起成立了中华职业教育社，"职业教育"一词才真正提出，正式开启了我国职业教育探索实践的步伐。中华人民共和国成立之初，百废待兴，发展职业教育、培养技术人才成为迫切的任务。因此,国家对职业教育事业进行了接管和改造,建立了中等专业教育、技工教育、农业中学相结合的中等职业教育制度。改革开放后,中国经济进入快速发展通道,确立了大力发展职业教育的方针。

我国高等职业教育起步于20世纪80年代的短期职业大学,经历了曲折的发展历程,真正作为一个类型确立地位是在世纪之交,作为现代职业教育体系的重要环节和层次是在2010年的《国家中长期教育改革和发展规划纲要(2010—2020年)》颁布实施之后。无论是作为高等教育的一个类型或层次,还是作为现代职业教育的一个环节,高等职业教育的发展走上了快车道。

(一)国家示范性高职院校

2006年,职业教育在我国教育事业的发展过程中正处于薄弱环节,发展不平衡,投入不足,办学条件差,办学机制以及人才培养的规模、结构、质量不能满足经济社会发展的需要。为适应全面建设小康社会对高素质劳动者和技能型人才的迫切要求,国务院颁发了《关于大力发展职业教育的决定》。教育部和财政部正式启动了"国家示范性高等职业院校建设计划",遴选出100所高职院校进行重点建设,在探索校企合作办学体制机制、工学结合人才培养模式、单独招生试点、增强社会服务能力、跨区域共享优质教育资源等方面取得了显著成效,引领了全国高职院校的改革与发展方向。国家示范性高职院校名单见表1-1。

表1-1 国家示范性高职院校名单(100所)

地区	学校名称		
北京市(4所)	北京工业职业技术学院	北京电子科技职业学院	北京农业职业学院
	北京财贸职业学院		
上海市(4所)	上海医药高等专科学校	上海公安高等专科学校	上海工艺美术职业学院
	上海旅游高等专科学校		
天津市(4所)	天津职业大学	天津中德职业技术学院	天津医学高等专科学校
	天津电子信息职业技术学院		
重庆市(3所)	重庆工业职业技术学院	重庆工程职业技术学院	重庆电子工程职业学院
河北省(4所)	邢台职业技术学院	承德石油高等专科学校	石家庄铁路职业技术学院
	河北工业职业技术学院		

续表

地区	学校名称		
山西省（2所）	山西省财政税务专科学校	山西工程职业技术学院	
内蒙古自治区（2所）	内蒙古建筑职业技术学院	包头职业技术学院	
辽宁省（4所）	辽宁省交通高等专科学校	沈阳职业技术学院	大连职业技术学院
	辽宁农业职业技术学院		
吉林省（3所）	长春汽车工业高等专科学校	长春职业技术学院	吉林工业职业技术学院
黑龙江省（4所）	黑龙江建筑职业技术学院	黑龙江农业工程职业学院	黑龙江农业经济职业学院
	大庆职业学院		
江苏省（7所）	南京工业职业技术学院	无锡职业技术学院	江苏农林职业技术学院
	常州信息职业技术学院	苏州工业园区职业技术学院	江苏工程职业技术学院
	江苏建筑职业技术学院		
浙江省（6所）	宁波职业技术学院	浙江金融职业学院	浙江机电职业技术学院
	温州职业技术学院	金华职业技术学院	浙江警官职业学院
安徽省（3所）	芜湖职业技术学院	安徽水利水电职业技术学院	安徽职业技术学院
福建省（2所）	福建船政交通职业学院	漳州职业技术学院	
江西省（1所）	九江职业技术学院		
山东省（6所）	山东科技职业学院	山东商业职业技术学院	威海职业学院
	淄博职业学院	日照职业技术学院	青岛职业技术学院
河南省（4所）	黄河水利职业技术学院	平顶山工业职业技术学院	商丘职业技术学院
	河南职业技术学院		
湖北省（4所）	武汉职业技术学院	武汉船舶职业技术学院	湖北职业技术学院
	武汉铁路职业技术学院		
湖南省（5所）	长沙民政职业技术学院	湖南铁道职业技术学院	永州职业技术学院
	湖南交通职业技术学院	湖南工业职业技术学院	
广东省（5所）	广州番禺职业技术学院	深圳职业技术学院	广州民航职业技术学院
	广东轻工职业技术学院	广东科学技术职业学院	
广西壮族自治区（2所）	南宁职业技术学院	柳州职业技术学院	
四川省（6所）	成都航空职业技术学院	四川工程职业技术学院	四川交通职业技术学院
	四川建筑职业技术学院	绵阳职业技术学院	四川电力职业技术学院
云南省（2所）	云南交通职业技术学院	昆明冶金高等专科学校	
贵州省（1所）	贵州交通职业技术学院		

续表

地区	学校名称		
陕西省（3所）	杨凌职业技术学院	西安航空职业技术学院	陕西工业职业技术学院
甘肃省（2所）	兰州石化职业技术学院	甘肃林业职业技术学院	
新疆维吾尔自治区（3所）	新疆农业职业技术学院	克拉玛依职业技术学院	新疆石河子职业技术学院
海南省（1所）	海南职业技术学院		
宁夏回族自治区（2所）	宁夏职业技术学院	宁夏财经职业技术学院	
青海省（1所）	青海畜牧兽医职业技术学院		
西藏自治区（1所）	西藏职业技术学院		

（二）国家骨干高职院校

为创新高等职业教育办学体制机制，深化教育教学改革，提高人才培养质量和办学水平，全面提升服务经济社会发展的能力，更好地适应我国走新型工业化道路，实现经济发展方式转变、产业结构优化升级，建设人力资源强国发展战略的需要，根据《教育部　财政部关于实施国家示范性高等职业院校建设计划加快高等职业教育改革与发展的意见》精神，教育部、财政部决定继续推进"国家示范性高等职业院校建设计划"实施工作，扩大国家重点建设院校数量，新增100所骨干高职建设院校（见表1-2）。旨在推进地方政府完善政策、加大投入，创新办学体制机制，推进合作办学、合作育人、合作就业、合作发展，增强办学活力；以提高质量为核心，深化教育教学改革，优化专业结构，加强师资队伍建设，完善质量保障体系，提高人才培养质量和办学水平；深化内部管理运行机制改革，增强高职院校服务区域经济社会发展的能力，实现行业、企业与高职院校相互促进，区域经济社会与高等职业教育和谐发展。

表1-2　国家骨干高职院校名单（100所）

编号	学校名称	地区	验收结论
10-01	北京信息职业技术学院	北京市	优秀
10-02	天津交通职业学院	天津市	优秀

续表

编号	学校名称	地区	验收结论
10-03	邯郸职业技术学院	河北省	通过
10-04	河北化工医药职业技术学院	河北省	优秀
10-05	山西煤炭职业技术学院	山西省	良好
10-06	内蒙古化工职业学院	内蒙古自治区	良好
10-07	辽宁石化职业技术学院	辽宁省	优秀
10-08	吉林交通职业学院	吉林省	通过
10-09	哈尔滨铁道职业技术学院	黑龙江省	优秀
10-10	上海医疗器械高等专科学校	上海市	良好
10-11	江苏农牧科技职业学院	江苏省	优秀
10-12	南通航运职业技术学院	江苏省	优秀
10-13	浙江经济职业技术学院	浙江省	优秀
10-14	浙江旅游职业学院	浙江省	良好
10-15	安徽机电职业技术学院	安徽省	通过
10-16	安徽电气工程职业技术学院	安徽省	通过
10-17	福建信息职业技术学院	福建省	通过
10-18	福建林业职业技术学院	福建省	通过
10-19	江西现代职业技术学院	江西省	优秀
10-20	江西财经职业学院	江西省	优秀
10-21	滨州职业学院	山东省	优秀
10-22	烟台职业学院	山东省	优秀
10-23	河南工业职业技术学院	河南省	良好
10-24	河南农业职业学院	河南省	良好
10-25	襄阳职业技术学院	湖北省	良好
10-26	黄冈职业技术学院	湖北省	优秀
10-27	湖南大众传媒职业技术学院	湖南省	良好
10-28	湖南科技职业学院	湖南省	良好
10-29	顺德职业技术学院	广东省	优秀
10-30	广东交通职业技术学院	广东省	优秀
10-31	广西机电职业技术学院	广西壮族自治区	良好
10-32	海南经贸职业技术学院	海南省	良好
10-33	重庆电力高等专科学校	重庆市	良好
10-34	成都纺织高等专科学校	四川省	优秀

续表

编号	学校名称	地区	验收结论
10-35	铜仁职业技术学院	贵州省	优秀
10-36	云南机电职业技术学院	云南省	良好
10-37	陕西国防工业职业技术学院	陕西省	优秀
10-38	酒泉职业技术学院	甘肃省	通过
10-39	宁夏工商职业技术学院	宁夏回族自治区	通过
10-40	新疆轻工职业技术学院	新疆维吾尔自治区	通过
11-01	北京劳动保障职业学院	北京市	优秀
11-02	天津轻工职业技术学院	天津市	优秀
11-03	唐山工业职业技术学院	河北省	优秀
11-04	山西建筑职业技术学院	山西省	良好
11-05	内蒙古机电职业技术学院	内蒙古自治区	优秀
11-06	渤海船舶职业学院	辽宁省	优秀
11-07	黑龙江职业学院	黑龙江省	优秀
11-08	上海电子信息职业技术学院	上海市	通过
11-09	常州机电职业技术学院	江苏省	优秀
11-10	苏州工艺美术职业技术学院	江苏省	优秀
11-11	南京化工职业技术学院	江苏省	良好
11-12	浙江交通职业技术学院	浙江省	优秀
11-13	安徽商贸职业技术学院	安徽省	优秀
11-14	泉州医学高等专科学校	福建省	通过
11-15	江西应用技术职业学院	江西省	良好
11-16	山东职业学院	山东省	优秀
11-17	东营职业学院	山东省	良好
11-18	郑州铁路职业技术学院	河南省	通过（二次验收）
11-19	湖北工业职业技术学院	湖北省	良好
11-20	鄂州职业大学	湖北省	良好
11-21	湖南工艺美术职业学院	湖南省	优秀
11-22	广东水利电力职业技术学院	广东省	优秀
11-23	广州铁路职业技术学院	广东省	通过（二次验收）
11-24	广西职业技术学院	广西壮族自治区	优秀
11-25	重庆城市管理职业学院	重庆市	良好
11-26	四川邮电职业技术学院	四川省	优秀

续表

编号	学校名称	地区	验收结论
11-27	陕西铁路工程职业技术学院	陕西省	良好
11-28	兰州资源环境职业技术学院	甘肃省	良好
11-29	青海交通职业技术学院	青海省	良好
11-30	乌鲁木齐职业大学	新疆维吾尔自治区	通过
12-01	天津现代职业技术学院	天津市	优秀
12-02	秦皇岛职业技术学院	河北省	优秀
12-03	山西职业技术学院	山西省	良好
12-04	辽宁职业学院	辽宁省	良好
12-05	哈尔滨职业技术学院	黑龙江省	优秀
12-06	上海出版印刷高等专科学校	上海市	优秀
12-07	南京信息职业技术学院	江苏省	优秀
12-08	江苏经贸职业技术学院	江苏省	优秀
12-09	江苏食品药品职业技术学院	江苏省	良好
12-10	杭州职业技术学院	浙江省	优秀
12-11	浙江建设职业技术学院	浙江省	良好
12-12	安徽交通职业技术学院	安徽省	通过
12-13	阜阳职业技术学院	安徽省	良好
12-14	闽西职业技术学院	福建省	通过
12-15	江西交通职业技术学院	江西省	良好
12-16	山东畜牧兽医职业学院	山东省	良好
12-17	青岛港湾职业技术学院	山东省	通过
12-18	济南职业学院	山东省	通过
12-19	武汉软件工程职业学院	湖北省	良好
12-20	娄底职业技术学院	湖南省	不通过
12-21	广东科学技术职业学院	广东省	良好
12-22	中山火炬职业技术学院	广东省	良好
12-23	广西水利电力职业技术学院	广西壮族自治区	通过
12-24	重庆工商职业学院	重庆市	良好
12-25	成都职业技术学院	四川省	通过
12-26	宜宾职业技术学院	四川省	通过
12-27	四川机电职业技术学院	四川省	通过
12-28	陕西职业技术学院	陕西省	通过

续表

编号	学校名称	地区	验收结论
12-29	武威职业学院	甘肃省	通过
12-30	深圳信息职业技术学院	广东省	优秀

（三）优质高职院校

骨干高职院校在建设过程特别是在验收结束后，人们一直在讨论一个问题：高等职业教育还有没有一个更高层次的名称和项目，或者有没有接续项目来推动发展？于是，卓越学校、特色学校等曾引起广泛讨论。有学者认为，卓越是指在示范和骨干建设基础之上的，特色是循着示范、骨干之路走下去。在一些省市也进行了有益的探索。特别是在 2014 年全国职业教育工作会议以后，贯彻落实全国职业教育工作会议的举措和政策陆续出台，人们对此更寄予了厚望。2015 年 10 月，教育部发布《高等职业教育创新发展行动计划（2015—2018 年）》，列出了五大类 22 项工作任务，人们翘首以待的项目——优质专科高等职业院校（简称优质高职院校）正式提出。

二、优质高职院校的定义

国家示范性（骨干）高职院校建设在前，其后才有优质高职院校建设。后者是对前者的合乎逻辑的承接与递进。进入 21 世纪以来，我国的高职教育已基本完成了规模化大发展和以国家示范性（骨干）高职院校项目建设为牵引的质量提升两个重要的初期发展阶段。伴随着国家示范性（骨干）建设项目接近尾声，即将迈入内涵优化提升的中期上升阶段，继而顺势而上，进入形成特色、树立品牌，"建成世界一流职业院校"的高水平发展阶段。基于这一判断，当前我国的高职教育正处于承接前期两个发展阶段，迈入内涵持续优化——即实施"优质高职院校建设"的中期发展阶段的关口。这个中期发展阶段是高职教育进入成熟稳健期，实现高水平发展极为重要的过渡阶段，也可以说是对能否最后建成世界一流职业院校具有决定性意义的阶段。

因此，优质高职院校可以理解为为达成"世界一流高职院校"这一目标，在国家示范性（骨干）院校建设基础之上，通过着力深化、转化和固化示范性（骨干）建设成果，持续创新发展高职教育，最终实现高职院校的整体内涵做优，全面提升办学品质与境界，为中国特色社会主义建设培养高素质技术技能人才。

三、优质高职院校建设的意义

（一）服务国家重大战略发展的本质要求

国家持续实施"中国制造2025""大国工匠""乡村振兴""创新驱动发展"等重大发展战略和"一带一路"建设，迫切要求高等职业教育培养大批技术精湛的杰出技术技能人才。建设优质高职院校是高职院校主动对接国家重大发展战略，服务国家重大发展战略，深化改革创新，聚焦内涵建设，提升人才培养质量的本质要求。

（二）助推地方经济社会融合发展的辐射器

要加快建设实体经济、科技创新、现代金融、人力资源协同发展的产业体系，契合中高端产业发展需求，需要与之相适应的劳动力结构和素质水平，高等职业教育需要在与国家战略同向同行、与产业发展同频共振中，勇担高素质技术技能人才供给主体的历史使命和责任担当。建设优质高职院校有利于推动高职院校提质增效，辐射带动一批服务地方经济社会融合发展的优质高职院校紧紧围绕地方产业、技术进步、社会公共服务等方面要求，在人才培养、技术技能传承、促进就业创业中发挥更大的作用。

（三）引领高职院校转型升级发展的重要引擎

经过多年的努力和发展，我国职业教育规模世界最大，体系框架基本形成，公平作用日益彰显，对外开放不断扩大，站在了新的历史起点。但是，同时我们应该清醒地认识到，职业教育仍存在体量大而不强、校企合作广而不深、质量有待提高、体系有待完善等问题，因此还不能很好地满足人民群众和经济社会发展对优质、多层、多样职业教育的迫切需要。进入新时代，面对新形势，高职院校转型升级发展需要新的引擎。建设优质高职院校，必将成为引领高职院校转型升级发展的重要引擎，引领从外延式扩张转向内涵式发展，从以规模扩张为基础的人、财、物的增量发展转向为以师生身心发展为基础的教育质量、效益的全面进步。

四、优质高职院校的内涵

随着优质高职院校建设的逐步开展，学者们对优质高职院校的内涵的认知也持续深化。从研究方法和维度上来看，既有理论论述，也有根据自身院校发展情况而进行的实证分析研究，尤其是地方院校在自我发展与建设的过程中对优质高职院校内涵的解读，地域性较强，特色鲜明。从研究视角和范畴上来看，既有从高职院校利益相关者角度分析优质高职院校内涵的，如郑小明讨论了政府视角的"优质高职院校"、行业与企业视角的"优质高职院校"、院校管理者眼中的"优质高职院校"和高职院校师生眼中的"优质高职院校"（徐玉成和贾少华也持类似观点，表示"只有在办学过程中满足了不同利益相关者的诉求，才算从整体上达到了优质的水平"）；也有从高职院校综合办学能力的视角分析优质高职院校内涵的，如罗婕、陈智刚和叶加冕认为优质高职院校的内涵需在领导能力、综合水平、教育教学、专业建设、社会服务、文化精神等方面有所体现。通过更多的对比和分析，我们可以发现，根据不同区域的发展情况和特色，优质高职院校的内涵在国家的宏观引导方向下显得更为多元与灵动。但各地对优质院校内涵的解读有一个基本趋同的认识，那就是追求一流、卓越，如广东省的"一流高职院校建设计划"、湖南省的"卓越高职院校建设项目"，以及更多省份的"优质高职院校建设项目"等。

综合上述情况，我们认为优质高职院校的内涵应侧重于对院校整体综合水平的评价和认定。基于此，我们认为马树超教授有关优质高职院校内涵的解析较为综合和全面，大致包括以下10个方面的内容。

（一）毕业生竞争力的高水平

职业教育就是就业教育，就是饭碗教育。一所优质的高职院校，首先要满足其培养的学生具有较高的竞争力。当然，这种竞争力应该是综合的，既包括就业竞争力，如毕业生就业率、薪酬水平、就业单位性质等指标；也包括职业发展能力以及他们的人文素养水平等。

（二）科研成果转化程度的高水平

科研成果转化程度的高水平体现在我们所做的科学研究及所取得的科研成果转化为现实生产力，为地方经济和社会发展所做的贡献度。如技术服务创造的直接经济价值、科研成果转化项目数量等。

（三）服务地方行业、企业的高水平

在办学过程中，紧贴地方产业人才需求，紧盯园区企业和行业技术需求，培养本土化高端技术技能人才，提升专业技术服务能力，主动服务地方产业转型升级发展。

（四）优质的教学条件

优质的教学条件既包括优质的硬件教学条件，如学生人均校舍面积、学生人均图书册数、生均教学科研仪器设备值以及实验实训条件等；更包括优质的软的教学条件，如师德师风、教师队伍水平、科研能力、服务社会程度、文化传承和国际化办学等。

（五）优质的双师教师队伍

根据 2008 年教育部颁布的《高等职业院校人才培养工作评估方案》，双师素质教师是指具有教师资格，又具备下列条件之一的校内专任教师和校内兼课人员：①具有本专业中级（或以上）技术职称及职业资格（含持有行业特许的资格证书及具有专业资格或专业技能考评员资格者），并在近五年主持（或主要参与）过校内实践教学设施建设或提升技术水平的设计安装工作，使用效果好，在省内同类院校中居先进水平。②近五年中有两年以上（可累计计算）在企业第一线本专业实际工作经历，能全面指导学生专业实践实训活动。③近五年主持（或主要参与）过应用技术研究，成果已被企业使用，效益良好。

优质的高职院校，双师教师队伍的人员计划至少应在80%以上，社会服务的水平才能体现，培养高素质技术技能人才的目标任务才能完成。

（六）学生的个性化发展能够得到关注和指导

关注和指导学生的个性化发展，就是要关注学生发展的人性化、人道化，尊重学生的个性，突出学生在教育过程中的主体地位，培养学生的主体意识和主体能力；要在教学中更多地考虑学生个体的生理、心理、年龄特点，考虑学生个体的天赋、特长、兴趣、爱好，考虑他的社会志向和职业选择。

（七）企业参与办学和教学的高水平

要在产教融合、校企合作的基础上，引入企业参与办学，承接企业订单培养，联合企业科研攻关，积极探索校企双赢乃至政校企多元受益的合作机制。

（八）协同创新能力的高水平

协同学院各职能部门，创新提升人才培养质量；协同校际合作，创新集团化发展；面向行业、企业，校企共建产学研合作基地，协同创新人才培养模式和提升科研攻关能力；面向区域发展，与地方重点产业的发展深度融合，成为促进区域创新发展的引领阵地。

（九）国际交流合作的高水平

既要"引进来"，参与国际人才培养，又要"走出去"，面向世界培养人才；既要国际合作办学，又要加强国际交流，共享信息和资源，为世界职业教育贡献中国标准和中国方案。

（十）社会认可的高水平

社会认可度是社会对学校办学和培养人才的全方位的肯定，包括专家的认可、政府的认可、家长和学生的认可以及用人单位的认可等多方面。没有社会认可度的学校，不可能是优质的学校。

第二章　优质高职院校的标准

《高等职业教育创新发展行动计划（2015—2018 年）》（以下简称《行动计划》）提出"坚持以示范建设引领发展，鼓励支持地方建设一批办学定位准确、专业特色鲜明、社会服务能力强、综合办学水平领先、与地方经济社会发展需要契合度高、行业优势突出的优质专科高等职业院校"，明确了优质院校"统一规划、自主承接、先行建设、检查认定"的建设机制，鼓励地方根据实际需要自主承接、自主安排、自主支持建设。随后，各省相继出台优质高职院校建设政策文件，制定省级优质高职院校的建设计划、遴选条件和建设标准。因教育部没有出台统一的标准，我们选取东部、中部和西部地区具有典型意义的部分省份的文件，讨论优质高职院校的标准。

一、贵州：《省教育厅办公室关于开展 2016 年贵州省优质高职院校评选工作的通知》

贵州省教育厅发布的《省教育厅办公室关于开展 2016 年贵州省优质高职院校评选工作的通知》（黔教办职成〔2016〕134 号）（以下简称《贵州方案》），明确提出在全省遴选 10 所左右的高等职业院校，将其建设成为办学定位准确、理念模式先进、人才队伍优质、管理水平精细、办学特色鲜明、办学水平领先、服务能力高效的优质高职院校，打造贵州高职教育品牌，为贵州省与全国同步实现"小康"提供坚实的技术技能人才保障和强有力的智力支持、技术支撑。

《贵州方案》明确了评选原则，包括以下几方面：

1）服务发展。主动适应贵州省传统优势产业与新兴战略产业，服务贵州"工业强省""城镇化带动""精准扶贫"等重大发展战略，助力产业转型升级，为贵州经济社会发展培养高素质的劳动者和高端技术技能型人才。

2）改革驱动。以协同创新、协同育人为引领，以学生受益、学校发展为根本出发点，全面推进综合改革，优化院校内部治理结构，突破制约学校办学水平提升、人才培养质量提高的体制机制障碍，全面激发学校办学活力，持续提升学校办学质量和整体发展。

3）争创优质。支持部分办学实力强、社会认可度高的高职院校，进一步汇聚优质资源，打造优质师资，建设品牌专业，培养优秀人才，形成标志成果，全面增强我省高职教育的国内和国际竞争力，充分发挥优质高等职业院校的示范引领作用，带动全省高职院校质量的全面提升与共同发展。

《贵州方案》还明确了重点建设内容，包括以下几方面：

1）深化重点领域改革。坚持依法治校，制定完善学校章程，推进二级学院综合管理改革，健全教职工绩效考核制度，推进教学工作诊断与改进机制常态化，深化人才培养机制改革，建立健全学分制等，全面提升人才培养质量和办学活力。

2）提高专业建设水平。根据区域经济社会发展需要，科学制定学校专业建设规划，推动专业结构调整优化，积极推动现代学徒制试点，不断加强优质课程与教学资源开发的力度，促进现代信息技术与教育教学深度融合，建设一批成果显著、省内一流、国内知名、与国际接轨的高水平骨干专业，形成一批产教深度融合、服务产业转型升级的重点专业集群。

3）加强师资队伍建设。建立健全学校教师的准入标准和教师专业标准，完善教师激励和约束机制，加大职教名师、专业带头人、骨干教师的培养力度，加强教学团队建设。

4）提升社会服务能力。建立和完善教师开展社会服务、科学研究的长效机制。搭建产学研结合的技术应用开发、推广服务平台，推进协同创新中心建设，主动面向行业、企业开展应用技术服务、科技成果转化、技术转移。积极推进职教集团等平台建设，发挥互动交流平台职能，搭建多样化学习培训平台，主动面向行业、企业和社区开展企业员工、行业从业人员和社会人员的新技术、新知识培训和学历提升，拓展终身学习通道，不断增强服务地方经济发展的综合能力。

二、广东：《广东省教育厅 广东省财政厅关于实施广东省一流高职院校建设计划的通知》

广东省教育厅、财政厅发布的《广东省教育厅 广东省财政厅关于实施广东省一流高职院校建设计划的通知》（粤教高函〔2016〕155号）（以下简称《广东方案》），明确了一流高职院校建设计划的依据是落实《行动计划》。

广东省一流高职院校建设计划的指导思想是：以邓小平理论、"三个代表"重要思想、科学发展观为指导，贯彻落实习近平总书记重要指示精神，服务五位一体总体布局和四个全面战略布局，以立德树人为根本，以服务发展为宗旨，以促进就业为导向，以打造广东高职教育品牌为目标，以综合改革、教师队伍建设、高水平专业建设、加强科学研究和社会服务为重点，建设15所左右的全国一流、对世界有影响力的高职院校，推动广东省高职院校全面提升办学水平、人才培养质量和服务发展能力，为广东省实现三个定位、两个率先总目标提供坚实的技术技能人才保障和强有力支持、技术支撑。

《广东方案》进一步明确了建设的基本原则，包括以下几方面：

1）服务发展主动面向经济社会发展的重点领域，服务创新驱动发展战略、智能制造发展规划、自贸区建设等重大发展战略，助力产业转型升级。

2）改革驱动，即以协同创新、协同育人、学生受益、学校发展为根本出发点，全面推进综合改革，突破制约学校办学水平，人才培养质量提高的体制机制障碍，加快构建充满活力、富有效率、更加开放、有利于学校科学发展的体制机制。

3）争创一流，即支持部分办学实力强、社会认可度高的高职院校，汇聚优质资源、打造一流师资、建设一流专业、培养一流人才、产出一流成果，全面增强高职院校的国内和国际竞争力，全力创建全国一流、对世界有影响力的高职院校。

《广东方案》还明确了重点建设任务，即深化重点领域综合改革，加强教师队伍建设，推进高水平专业建设，加强科学研究和社会服务四个方面，其中重点领域的综合改革包含了体制、内部管理、分配制度等诸多内容，在专业建设方面也提出了本科层次职业教育的实现形式，提出了服务发展、精致育人、强化特色、争创一流的要求，内容虽然只分为四个方面，但实质上十分丰富并具有很大的前瞻性。

三、浙江：《浙江省教育厅 浙江省财政厅关于在高职院校实施优质暨重点校建设计划的通知》

浙江省教育厅、浙江省财政厅发布了《浙江省教育厅 浙江省财政厅关于在高职院校实施优质暨重点校建设计划的通知》（浙教高教〔2016〕144号）（以下简称《浙江方案》）。《浙江方案》明确提出要落实浙江省人民政府确定的"重点高校建设计划"和高职教育"三名工程"，结合《行动计划》提出的"优质高职院校"建设要求，决定在高职院校实施优质暨重点校建设计划[10]。

《浙江方案》明确了建设目标，即按照强化特色、培育优势的要求，支持一批办学基础好、服务能力强，与地方发展需要契合度高、行业优势明显的学校进行优质高职院校建设，重点是深入开展育人模式创新，加强优势特色专业和高素质人才队伍建设，增强人才培养质量和技术创新服务能力。在此基础上，选择若干所办学基础扎实，优势特色鲜明，改革意愿强烈且有明显成效的院校进行重点建设，打造具有较大国内外影响力的高职教育名校，引领和促进全省高职院校提升办学实力和综合竞争力，力争有若干所高职院校跻身全国前30位，力争有一批学校跻身全国200所优质高职院校行列，确保浙江高职教育在全国的领先地位，为全省经济社会发展提供更强大的综合服务能力。

《浙江方案》也明确了建设的基本原则，即学校为主、多方支持、竞争择优、动态管理、分类建设、重点突破。同时，《浙江方案》还明确各建设院校要履行建设主体责任，不同类型的学校要科学定位、错位发展、办出特色、办出水平；同时强调，建设期间实行动态管理，以增强项目计划建设的绩效。

《浙江方案》还明确了建设的主要内容，主要体现在以下五个方面：

1）推进管理体制创新，包括章程建设、学校治理体系建设、产教融合机制建设、混合所有制改革、现代学徒制人才培养等。

2）加强优势特色专业建设，围绕浙江省主导与优势产业布局，重点选择若干专业和专业群，改善条件、深化改革，提高人才培养质量；同时，改善实训条件、开发教学资源、建设共享型教学资源和精品资源共享课，推动教学创新。

3）加强双师型教师队伍建设，实际上是要系统提高教师队伍素质，建立青年教师培养制度，培养和造就一批学术水平高、业务能力强、师德高尚、行业有影响力的专业带头人、骨干教师和教学名师。

4）促进技术技能积累与服务，重点是推动与行业共建工艺和产品研发中心、公共实训平台、技能大师工作室等，引导教师面向行业、企业开展技术革新与发展，为产业转型升级服务，增强学生的技术创新意识和能力。

5）提升国际交流与合作水平，包括引进来、走出去，建立与国际先进标准对接的专业标准和课程体系，或联合共建专业、实验室或实训基地，适应"一带一路"建设和走出去战略培养学生和员工，鼓励招收留学生和出国办学。

四、山东：《山东省教育厅 山东省财政厅关于实施山东省优质高职院校建设工程的通知》

山东省教育厅、财政厅发布的《山东省教育厅 山东省财政厅关于实施山东省优质高等职业院校建设工程的通知》（鲁教职字〔2017〕4号）（以下简称《山东方案》），《山东方案》提出充分发挥优质教育资源的示范引领作用，加快发展现代职业教育，启动实施山东省优质高等职业院校建设工程。

《山东方案》明确了指导思想，即遵循职业教育发展规律，坚持整体设计、重点突破、示范引领、创新发展的原则，以立德树人为根本、以提高质量为核心、以专业建设为重点，建设一批办学定位准确、专业特色鲜明、产教融合紧密，与地方经济社会发展需要契合度高，社会服务能力强，综合办学水平领先的优质高职院校，引领全省高等职业教育改革发展，推动具有山东特点，走在全国前列的现代职业教育体系建设。

《山东方案》也明确了优质高职院校建设的目标，即通过实施优质高等职业院校建设工程，促进项目建设院校持续深化教育教学改革，深入推进产教融合，大幅度提升技术创新服务能力，实质性扩大国际合作，培养高素质技术技能人才，提升学校对经济社会发展的贡献度，使之具有一流的专业、一流的师资、一流的管理、一流的条件、一流的社会服务。

《山东方案》还明确了优质高职院校建设的内容，包括九个方面的内容：①体制机制创新，除了校企合作、产教融合机制外，还包括集团化办学、特色二级学院、学校内部治理结构、内部考核办法等。②一流专业建设，围绕专业建设要素，系统进行建设和推进。③高水平师资队伍建设，包括教师的专业能力、实践创新能力、信息技术应用和教学研究能力，同时提高具备双师素质的专业课教师的比例，落实教师培养体系。④技术技能积累与社会服务，提高院校广泛开展企业职工培训和社区教育的积极性，提高对区域经济和行业发展的贡献度。⑤信息化建设与应用，包括信息化环境、条件和教师信息技术素养。⑥国际交流与合作，主要提高职业教育的国际交流能力和水平，提高职业教育的国际影响，服务国家"一带一路"倡议。⑦质量管理与保证体系建设，落实教育部关于建立职业院校教学工作诊断与改进制度的有关要求，全面开展教学诊断与改进工作，构建内部质量保证体系，切实发挥学校的教育质量保证主体作用。⑧特色文化建设，重点是充分发挥学校文化育人整体功能，营造良好的文化环境和"一训三风"（校训、校风、教风、学风）建设，弘扬和传播中国优秀传统文化等。⑨从学校实际出发的特色项目，即自造动作。

五、湖南：《关于实施湖南省卓越职业院校建设计划的通知》

湖南省教育厅发布的《关于实施湖南省卓越职业院校建设计划的通知》（湘教通〔2015〕167号）（以下简称《湖南方案》），明确提出了建设目标：

到 2020 年，建设 20 所左右"办学定位准确、专业特色明显、就业优势突出、服务产业转型升级能力强、有一定技术创新能力、综合水平领先"的卓越高等职业技术学院，全面提升办学水平和人才培养质量，增强湖南职业教育的核心竞争力，带动全省职业院校从"对接产业、服务产业"向"提升产业、引领产业"转型。

湖南省卓越职业院校建设计划的指导思想是，全面贯彻落实党的十八大以及十八届三中全会、十八届四中全会的精神，以立德树人为根本，以服务发展为宗旨，以促进就业为导向，以改革为根本动力，以产教融合、校企合作为主线，以特色专业群、教师队伍、治理能力建设为重点，以打造特色和品牌为目标，促进职业院校全面提升办学水平和人才培养质量，提高湖南职业教育的核心竞争力，提升职业教育服务经济社会发展的能力和水平。

《湖南方案》明确提出了建设基本原则：

1）对接产业，统筹布局。重点对接湖南省战略性支柱产业和战略性新兴产业，服务长株潭国家自主创新示范区、湘南承接产业转移示范区、洞庭湖生态经济圈和武陵山连片扶贫开发区四大国家战略发展区域，统筹规划卓越职业院校建设，重点支持对接产业紧密、产教融合度高、专业特色鲜明、办学优势明显的职业院校率先发展。

2）政府主导，社会参与。充分发挥政府在卓越职业院校建设中的主导作用，积极推动地方政府和行业部门优化职业教育发展环境，创新职业教育发展政策，集中力量办好区域和行业内起示范引领作用的职业院校，引导社会力量特别是企业积极参与办学，激发职业院校发展活力。

3）创新驱动，成果导向。全面深化改革，创新办学体制，激发办学活力，提高办学水平。创新人才培养机制，推动校企深度融合。创新管理机制，推动治理体系和治理能力现代化。坚持成果导向，做到卓越职业院校建设过程可监控、成果可考核、经验可推广。

4）示范引领，整体提升。推动卓越职业院校争创全国一流办学水平，提升对产业发展的贡献度，充分发挥示范引领作用，带动其他职业院校协同创新、共同发展。

《湖南方案》还明确提出了建设内容，主要包括以下几方面：

1）特色专业群建设。根据区域或行业的经济社会发展规划及产业发展规划，深入分析区域和行业、产业发展现状和趋势，制定本校专业建设规划，推动专业结构战略性调整，形成产教深度融合、引领产业转型升级的特色专业体系。高等职业技术学院重点建设2~3个特色专业群。重点建设的特色专业群人才培养适应产业转型升级技术技能人才需求，为产业发展提供技术技能人才支撑和智力支持。

2）教师队伍建设。改革教师管理办法，形成与现代职业教育管理相适应的教师管理制度。创新教师成长和激励机制，以"双师型"教师队伍建设为核心，加强教学名师、专业带头人、骨干教师的培养和兼职教师队伍建设，形成"数量足够、结构合理、业务精湛、师德高尚"的教师队伍。重点建设特色专业群，整体推进专业教学团队建设，形成"名师领衔、骨干支撑、具有国际视野"的专业教学团队。

3）治理能力建设。制定体现现代职业教育特色的学校章程和制度，建立健全自主管理、民主监督、社会参与的职业院校治理结构。形成与学校章程相配套的内部管理制度体系和执行体系，提升职业院校治理能力。

六、四川：《四川省教育厅关于实施四川省优质高等职业院校建设计划的通知》

四川省教育厅发布的《四川省教育厅关于实施四川省优质高等职业院校建设计划的通知》（川教函〔2017〕418号）（以下简称《四川方案》），明确提出通过实施优质高职院校建设计划，促进建设院校持续深化教育教学改革，深入推进产教融合校企合作，大幅提升社会服务能力、国际交流与合作能力，提升学校对经济社会发展的贡献度，培养满足四川经济社会及重点产业发展急需的高素质技术技能人才。通过计划实施，使优质院校具有一流的专业、一流的师资、一流的管理、一流的办学条件和一流的社会服务能力，打造四川高等职业教育优质品牌，带动全省高职院校整体办学实力的提升，为四川经济社会发展提供强有力的技术技能人才保障。优质高职院校建设纳入四川省"双一流"建设计划，到2020年，力争建设5所左右具有全国一流、国际可比水平的，10 所左右具有国内先进水平的优质高职院校。

四川省优质高等职业院校建设计划的指导思想是，以邓小平理论、"三个代表"重要思想、科学发展观和习近平总书记系列重要讲话精神为指导，落实立德树人根本任务，坚持面向市场、服务发展、促进就业的办学方向，以打造四川高等职业教育品牌为目标，建设一批办学理念先进、办学定位准确、专业特色鲜明、产教深度融合、社会服务能力强、与地方经济社会发展需要契合度高、综合办学水平一流的优质高等职业院校，引领全省高等职业教育创新发展，加快构建具有四川特色的现代职业教育体系，为深入实施"三大发展战略"、奋力实现"两个跨越"做出更大贡献。

《四川方案》明确提出了建设原则，主要包括以下几方面：

1）坚持整体设计。从适应四川经济社会和重点产业发展整体需求出发，服务全省"多点多极"发展战略，加强顶层设计，统筹资源要素配置，强化政策导向，共同推进优质院校建设。各建设院校要加强组织领导，切实履行建设主体责任，结合学校所在区域、行业以及自身发展实际，科学制定建设规划和建设任务，确保建设任务按计划推进。

2）坚持重点突破。本着科学定位、特色发展、差异化发展的原则，积极服务产业结构调整优化，形成优质高职院校对全省重点行业产业技术技能人才有力支撑的新格局。各建设院校要对照建设目标，坚持问题导向，找准制约自身发展的关键问题，集中资源和力量突破重点领域，促进学校内涵向更高水平发展，从而带动学校办学水平和人才培养质量的整体提升。

3）坚持示范引领。充分发挥优质院校的示范引领和辐射带动作用，引领和带动全省高等职业院校办出水平、办出特色、共同进步、整体前行，全面提升四川高等职业教育的整体办学实力和影响力。

4）坚持服务发展。主动面向国家和四川重大战略需求，面向经济社会主战场，面向世界科技发展前沿，对接创新驱动发展战略需求，助力产业转型升级，助推全省脱贫攻坚，为四川经济社会发展提供强有力的技术技能人才支撑。

《四川方案》还明确提出了建设任务，包括以下几方面：

1）推进管理体制机制改革创新。建立并完善现代大学制度和治理体系，全面提升治理能力和水平。深入推进依法治校，加强以学校章程为核心的制度体系建设。坚持立德树人，弘扬工匠精神。加强校园文化建设，营造良好的育人环境。健全院校内部质量保障体系，建立教学工作诊断和改进制度。深化创新创业教育改革，建立健全创新创业教育体系，积极推进创新创业教育课程和实践平台建设。

2）加强高水平专业建设。对接"中国制造2025""扶贫攻坚"等国家战略和"一带一路"倡议，根据四川"四大城市群""五大经济区"的不同区域发展定位，围绕全省"双七双五"产业发展要求，主动对接产业链、创新链的需求，加快建设形成一批紧贴产业需求、优势特色鲜明的高水平专业集群，形成与全省经济社会和重点产业分布形态相适应的专业布局，进一步优化全省高职教育专业结构，提升专业发展整体水平。

3）深化产教融合校企合作。坚持工学结合培养人才，深化产教融合、校企合作。大力推进产教联盟，促进产教深度融合。积极推进现代学徒制和校企协同育人，探索多种形式的职业教育集团化办学模式和高素质技术技能人才培养的有效途径。联合行业、企业开发优质教学资源，积极推进高水平校内生产性实训基地建设。深入推进教学模式改革，加强工学结合课程建设，探索建立高职院校和行业、企业联合培养人才新机制。

4）双师型教师队伍建设。积极探索"双师型"教师队伍培养模式，推进与大中型企业共建"双师型"教师培养培训基地，大力提升教师的专业技能，以及实践教学、信息技术应用和教学研究的能力，提高"双师型"教师的比例，培养造就一批社会知名度高、行业影响力大的教学名师和专业带头人，建成一支在行业有影响力的"双师型"师资队伍。

5）提升社会服务能力。建设院校要面向行业、企业积极开展技术研究、产品开发、技术推广，积极与技艺大师、非物质文化遗产传承人等合作建立技能大师工作室，充分发挥高职院校技术研发、技能创新等优势，深入推进职业教育精准扶贫，努力带动扩大就业，助推全省脱贫攻坚。

6）提升国际交流与合作水平。建设院校要积极与国外知名学校、教育和科研机构与企业开展教育交流与合作，积极吸引境外学生来川学习，鼓励学校积极开发与国际标准相对应的专业标准和课程体系，培养具有国际视野、通晓国际规则的技术技能人才。

7）推进教育教学信息化建设。包括智慧校园、虚拟仿真实训中心、精品在线开放课程、教学资源库建设，提高教师信息化教学能力。

七、云南：《云南省教育厅关于实施云南省优质高职院校建设计划的通知》

云南省教育厅发布的《云南省教育厅关于实施云南省优质高职院校建设计划的通知》（云教高〔2016〕109号）（以下简称《云南方案》），明确提出了建设目标：到2018年，建设10所左右"办学定位准确、专业特色明显、就业优势突出、服务产业转型升级能力强、有一定技术创新服务能力、综合水平领先"的优质高职院校，力争有若干所高职院校跻身全国200所"优质高职院校"行列。

云南省优质高职院校建设计划的指导思想是，以邓小平理论、"三个代表"重要思想、科学发展观为指导，贯彻落实习近平总书记重要指示精神，服务"五位一体"总体布局和"四个全面"战略布局，服务云南"三个定位"和"八大产业"，以立德树人为根本，以服务发展为宗旨，以促进就业为导向，以打造云南高职教育品牌为目标，以综合改革、教师队伍建设、高水平专业建设、促进技术技能积累与服务、提升国际交流与合作水平为重点，原则上以国家级、省级示范（特色骨干）高职院校建设为基础，遴选建设一批优质高等职业院校，推动云南省高职院校全面提升办学水平、人才培养质量和服务发展能力。有力提升学校对云南省重点产业发展的贡献度，争创全国先进水平。

《云南方案》明确提出了建设原则，包括以下几方面：

1）服务产业，统筹布局。主动面向云南省经济社会发展的重点领域，服务"中国制造2025"和云南"八大重点产业"布局，助力产业转型升级。统筹规划优质高职院校建设，重点支持对接产业紧密、产教融合度高、专业特色鲜明、办学优势明显的职业院校率先发展。

2）政府主导、多方支持。充分发挥政府在优质高职院校建设中的主导作用,协同相关行业部门,统筹资源要素配置,强化政策导向,创新职业教育发展政策,集中力量办好区域和行业内起示范引领作用的职业院校,引导社会力量特别是企业积极参与办学,激发职业院校的发展活力,共同推进院校建设。积极支持曲靖市职业教育改革试验区率先统筹开展优质高职院校建设。

3）改革驱动,成果导向。全面推进综合改革,突破制约学校办学水平提升、人才培养质量提高的体制机制障碍,加快构建充满活力、富有效率、更加开放、有利于学校科学发展的体制机制。坚持成果导向,实施动态管理,做到优质高职院校建设过程可监控、成果可考核、经验可推广。

4）争创一流,引领示范。推动优质高职院校争创全国一流办学水平,提升对产业发展的贡献度,充分发挥示范引领作用,带动其他职业院校协同创新、共同发展。

《云南方案》还明确提出了建设内容,主要包括以下几方面：

1）深化重点领域综合改革。深化学校内部管理体制改革,开展试点二级学院改革,推进二级院系管理体制改革,向二级院系下放"人权""财权""事权"。深化人事制度改革。建立健全教职工绩效考核制度,制定并实施以业绩贡献为基础、以目标管理和目标考核为重点、符合高职教育特点的绩效工资制度,将教职工的工资收入与岗位职责、工作业绩、实际贡献等直接挂钩,将专业建设、课程改革、担任学生导师、应用技术研发与社会服务等纳入教师的教育教学工作量,多劳多得、优绩优酬,避免唯职称、唯学历等倾向。深化人才培养机制改革,建立健全选课制、导师制、学分计量制、学分绩点制、补考重修制、主辅修制、学分互认制等,实施学分制管理改革,实行弹性学制。

2）教师队伍建设。完善教师激励和约束机制,促进专业带头人提升专业水平、扩大行业影响力,支持普通教师开展课堂教学改革、提高课堂教学质量,支持专业骨干教师积累企业工作经历、提高实践教学能力,支持行业、企业兼职教师提高教学能力、牵头教学研究项目、组织实施教学改革。建立教师发展中心,构建促进教师专业发展的支持系统。加强教研室等基层教学组织的创新与改革,重点推进高水平专业教学团队建设。

3）高水平专业建设。主动对接我省"三个定位"并服务"八大产业",

调整优化专业结构,积极建设优势专业群、特色专业群。深入推进产教融合、校企合作。探索本科层次的职业教育实现形式。按照"服务发展、精致育人、强化特色、争创一流"的要求,重点建设若干个全国领先、与国际接轨的高水平专业。深入实施创新创业教育。加快以发展型、创新型、复合型技术技能人才培养为核心的教育教学改革,开展杰出技术技能人才培养试点。促进现代信息技术与教育教学深度融合。结合云南旅游文化产业发展需要,着力建设一批民族文化传承与创新示范专业点。

4)促进技术技能积累与服务。推动与行业、企业共建应用技术协同创新中心、公共实训平台、技能大师工作室等技术技能积累与创新载体;面向重点发展产业,提高专业的技术协同创新能力;建立和完善教师技术服务的制度与政策,引导教师面向行业、企业开展技术研究、产品开发、技术推广;促进科技成果转化,推动行业、企业的技术革新与发展,为产业升级服务;积极开展企业职工培训和社区教育,建设一批行业性和区域性的培训服务中心;增强学生的技术创新意识和能力,组织学生服务行业、企业技术创新。

5)提升国际交流与合作水平。加强与信誉良好的国际组织、跨国企业以及职业教育发达的国家开展交流与合作,探索中外合作办学的新途径、新模式;学习和引进国际先进、成熟、适用的职业标准、专业课程、教材体系和教育资源,积极参与制定职业教育国际标准,开发与国际先进标准对接的专业标准和课程体系,扩大云南高等职业教育的国际话语权,助力国家软实力的增强;选择类型相同、专业相近的国(境)外高水平院校联合开发课程,共建专业、实验室或实训基地。建立教师交流、学生交换、学分互认等合作关系;扩大与"一带一路"沿线国家、南亚和东南亚国家职业教育合作,配合"走出去"企业面向当地员工开展技术技能培训和学历职业教育;吸收沿线国家学生来云南留学,为沿线国家培养急需的技术技能人才,鼓励跨出国门办学,为云南周边国家培养熟悉中华传统文化、当地经济发展亟须的技术技能人才。

八、共性标准

基于以上 7 个省份的政策文件,我们发现,虽然提法和具体的做法上有差异,但在以下 8 个方面具有共同性。

（一）高水平专业是优质高职院校建设的龙头

根据地方经济社会发展的需要，主动对接地方支柱产业和新兴产业需求，推动专业结构优化调整，不断加强课程建设和教学资源库开发的力度，改善实训条件，建设一批成果显著、省内一流、国内知名的高水平专业，形成1~2个紧贴产业需求、优势特色鲜明的高水平专业群。

（二）"双师型"教师队伍建设是优质高职院校建设的核心

积极探索"双师型"教师队伍培养模式，推进与企业共建"双师型"教师培养基地，大力提升教师专业技能、实践教学能力，提高"双师型"教师比例，建成1~2个技能大师工作室，培养造就一批在行业有影响力的"双师型"师资队伍。

（三）管理水平提升是优质高职院校建设的保障

建立和完善以章程为核心的制度体系，深化内部管理体制改革，开展内部质量保证体系建设，创新人才培养机制，建立健全绩效目标考核制度，完善教师激励和约束机制，强化办学治校能力。

（四）服务经济发展程度是优质高职院校建设的水平

建立和完善教师开展社会服务、科学研究的长效机制，引导教师面向行业、企业开展技术研究、产品开发，促进科技成果转化，搭建学习培训平台，积极开展企业员工、行业从业人员等社会人员新技术、新知识培训和学历提升，服务能力获当地政府认可。

（五）产教融合是优质高职院校建设的机制

坚持工学结合培养人才，深化校企合作，探索建立高职院校和行业、企业联合培养人才新机制，联合开发优质教学资源，深入推进教学模式改革，产教融合程度明显加深。

（六）培养优质学生是优质高职院校建设的根本

把立德树人作为根本任务，加强和改进高校思想政治工作，突出文化建设和文化育人工作，深化各项教育教学改革，加强内涵建设，人才培养质量显著提升。

（七）建设一流是优质高职院校建设的目标

优质高职院校旨在建设一流的办学条件、一流的专业、一流的师资队伍、一流的社会服务能力，对准"当地离不开、业内都认可、国际可交流"的高水平目标去建设。

（八）国际化办学是优质高职院校建设的特色

积极与"一带一路"沿线国家学校、教育机构、科研机构和企业开展教育交流合作，探索中外合作办学新途径、新模式，积极吸引境外学生来华学习，为沿线国家培养急需的技术技能人才，国际化办学成效显著。

九、优质高职院校指标体系

根据政策文件的要求和各省的实施方案，我们整理出优质高职院校的指标体系，包含一级指标5项、二级指标22项、三级指标54项，见表2-1。

表2-1 优质高职院校的指标体系

一级指标	二级指标	三级指标	备注
1. 综合体制改革	1.1 内部管理体制改革	是否制定完善的院校章程	
		党委会议、院长办公会议等议事制度是否规范	
		是否实施二级管理	
		是否制定内部岗位竞聘办法并实施	
	1.2 人事管理制度改革	绩效考核是否以岗定酬并推进人员管理由"身份管理"向"岗位管理"转变	
		是否制定学分认定和互认等相关制度并实施	
	1.3 人才培养机制改革	是否建立校企协作育人制度并实施	
		是否出台专业预警及优化调整退出方案并实施	
		是否出台内部质量保证体系建设方案并实施	
	1.4 内部质量保证体系建设	信息化校园平台建设是否完善	

续表

一级指标	二级指标	三级指标	备注
2. 师资队伍建设	2.1 制度建设	是否制定教师学历提升、职称晋升、绩效考核、人才引进、师资培训等相关制度	
		师资队伍制度是否按年度汇编	
	2.2 名师工程	是否开展专业带头人、教学名师、技能大师引进培养工作	
		是否开展教学团队、科研团队建设工作	
	2.3 教师发展	教师发展中心建设资料及规章制度是否健全	
		高层次人才引进或培养工作开展情况	
		是否开展骨干教师、高级职称专业技术人员培养、评审、认定和管理工作	
	2.4 双师工程	双师素质教师是否达到80%以上	
	2.5 质量工程	教师教学质量评价体系是否完善	
		教学评价体系是否完善	
		师德师风评价标准是否完善	
3. 科研及社会服务能力建设	3.1 科研规划	科研工作相关制度是否科学完善	
		是否成立学术委员会	
	3.2 科研项目	是否承担省级以上重大科研项目	
		是否搭建国家、省、市、校的四级创新平台	
	3.3 技术培训	技术技能培训人数是否达到全日制在校生人数	
		是否建成具有学院特色的现代职业教育培训基地	
	3.4 技术服务	技术服务是否密切服务地方企业、行业、产业发展	
4. 国际交流与合作	4.1 国际化校园文化氛围建设	是否组织开展国际文化特色活动	
		是否建有国际化标识建筑物景观	
	4.2 国际合作项目提升建设	是否与国（境）外高校、跨国企业等开展交流合作	
		是否开展师生互派交流培训学习	
	4.3 来华留学生教育基地建设	是否招收留学生	
		是否设有留学生对外汉语教学团队	
		留学生课程建设是否完善	

续表

一级指标	二级指标	三级指标	备注
5. 高水平专业建设	5.1 优化人才培养模式、创新育人机制建设	是否引入企业标准校企共同制定专业人才培养方案，持续优化人才培养模式	
		是否推行人才分层培养	
		是否探索创新人才培养机制	
		是否开展创新创业教育	
	5.2 师资队伍及教学团队建设	专业专任教师及其发展情况	
		专业带头人、骨干教师、双师素质教师、兼职教师培养情况	
		教师参与企业行业实践工作情况	
		教学团队建设情况	
	5.3 课程建设	精品在线课程建设情况	
		优质课程、特色课程建设情况	
		教学资源库建设情况	
		教材建设情况	
	5.4 实验实训基地建设	校内实验实训基地建设情况	
		校外实验实训基地建设情况	
	5.5 科研及社会服务能力建设	本专业科研团队建设情况	
		承担市级以上科研项目和经费到位情况	
		实用技术培训和推广情况	
		职业技能培训与鉴定情况	
	5.6 辐射带动作用及专业群建设	较好发挥辐射带动作用情况	

第二编

优质高职院校怎么建

关于如何建设优质高职院校问题，学术界、教育管理者以及各高校从不同的角度展开了讨论，并付诸了实践。绝大多数专家和学者都认为优质高职院校建设是一项系统性工程，例如周建松就指出，优质高职学校建设应该是综合的、全面的，体现出办学实力和办学水平的各方面；徐玉成和贾少华强调推进优质高职学校建设"需要政府部门、行业、企业、院校管理者和师生等各方主体统一认识、共同努力"；卢玲也认为优质高职学校建设"必须科学谋划、整体设计和全面推进"。但是对于具体如何建设优质高职学校，即具体的建设路径选择问题，则有不同的主张。任占营副处长从《高等职业教育创新发展行动计划（2015—2018年）》中关于优质高职学校的预期目标出发，认为优质高职学校建设的路径包含8个方面：以学习者为中心改革教育教学、以先进性为要求提升综合办学条件、以学校为责任主体构建内部质量保证体系、以适应现代产业发展为宗旨建设高水平专业群、以"双师型"为主题培育卓越教师队伍、以服务需求为主导锻造超强社会服务能力、以内涵特色为名片打造市场辨识度、以标准输出为诉求开展国际交流合作。部分学者则从优质高职教育资源供给视角，详细讨论了优质高职院校建设的路径问题。如易烨主张优质高职院校建设要兼顾公平与效率，寻求两者之间的平衡点，认为其建设路径应包括："凸显共享性，提高优质教学资源利用率""专注内生式发展，加强内部发展创新动力""开创国际化新水平，创造中国特色国际品牌"。其他一些学者，如王寿斌、杜媛、周建松等，则主张"推进优质高职院校建设，目的在于延续国家扶优扶强政策，对建设基础好、改革意识强的高职院校给予重点扶持，鼓励其快速发展"。所以"优质学校建设应该有基础条件，在综合实力较强的基础上，同时突出与学校发展和影响力相关的重点内容"。本部分以铜仁职业技术学院为个案进行讨论，以作为我们在探索实践中的总结。

第三章　优质高职院校建设总体规划
——以铜仁职业技术学院为例

一、总体目标

以优质高职院校创建为契机，进一步深化内部管理体制、人事制度、人才培养机制等重点领域改革，打造德艺双馨和胜任力强的高水平师资队伍，建设紧贴区域产业、事业发展的高水平专业和重点专业群，建立和完善科技创新与技术服务长效机制，培养适应区域经济发展方式转变、产业转型提升需要的高端技术技能人才。通过三年，把学院建设成为"世界水准、中国特色、铜仁标志"的优质高职院校，打造高职教育的"贵州样本"，争创国家级优质高职院校。

二、建设思路

坚持"立德树人、以技立业、服务社会"的办学理念，以"创新、协调、绿色、开放、共享"五大发展理念为引领，全面贯彻"服务发展、改革驱动、争创优质"的基本原则，以国家骨干高职院校建设成果为基础，以"服务发展、促进就业"为方向，以人才培养质量为根本，以深化重点领域改革为突破口，以建设8个高水平专业为重点，全面提升办学水平、人才培养质量和服务发展能力，打造优质师资、建设品牌专业、培养优秀人才、形成标志成果，服务区域经济社会发展。

三、具体目标

1. 重点领域改革取得实质性突破

（1）管理体制改革

推进现代大学制度建设，完善学院治理体系。推进二级分院管理体制改革，进一步向二级分院下放"人权""财权""事权"，使管理重心下移，优化资源配置，充分调动二级分院在办学上的积极性。

（2）深化人事制度改革

建立按岗定酬的收入分配机制，发挥薪酬杠杆作用，完善绩效考评办法，制定不同岗位、专业、类别的个性考评指标，建立共性指标和个性指标相结合的考评指标体系，健全资源配置管理制度，不断激活学院办学活力。

（3）人才培养机制改革

加强校企协作育人制度建设，规范职教集团理事会运行管理，完善校企人力资源双向交流机制，促进学院与企业的深度合作。充分发挥现代技术教育中心的作用，促进信息技术与教学的深度融合，建设优质信息化教育教学资源。实施学分制改革，制定实施学分制改革的配套管理制度和相关规范，充实线上资源，建立线上线下相结合的课程体系，加强学分制管理制度体系建设，制定适应学分制需要的学生选课办法。强化学生的创新创业能力培养，积极开发创新创业类课程并纳入学分管理，建立学分互认制度。

（4）内部质量保证体系建设

实施教学"诊改"试点，加强教学管理与导学服务机制建设，加快建立"自定目标、自立标准、自主实施、自我诊断与改进"的螺旋循环提升保证体系，引导学院切实履行人才培养工作质量保证主体的责任，不断提高人才培养质量，促进学院办学质量和实力整体提升。

2. 教师队伍整体水平显著提升

坚持内培外引，以"双师素质"教师培养为重点，继续推进"教授培养工程""研究生培养工程"，加大急需紧缺人才的引进力度；聘请行业、企业技术技能人才到学校任教，不断优化师资队伍结构。建设期内，引进和培养有行业影响力的专业带头人 20 名、省级教学名师 4 名、省级技能大师 3 名，重点支持建设 4 个"教学名师工作室"和 3 个"技能大师工作室"；新增建设 3 个省级优秀教学团队；三年引进博士研究生 6~10 名、硕士研究生 60 名，高级专业技术职务教师增加 70 名；成立教师发展中心，培养院级青年骨干教师 60 名；建设 8 个校企共育"双师素质"教师基地，新增校外企业兼职教师 100 名，学校"双师素质"教师在专任教师中的比例达到 85%；建立一套完善的师资队伍管理体制和激励约束长效机制，一套行之有效的教师准入标准、教师专业标准；每年选派 1~2 名专业教师到"东盟"国家学校任教，每年遴选 15~20 名专业教师或管理人员到国（境）外学习交流、访学、培训进修。

3. 专业建设水平明显提高

围绕区域经济支柱产业建设的需要，以推进教育部全国职业院校教学诊断与改进试点工作为契机，按照"分级建设，递进提升"的专业建设思路，优化专业结构布局，形成结构协调、布局合理、优势突出、特色鲜明的专业结构体系。到 2020 年，专业数量控制在 40 个以内。围绕贵州省委省政府"大扶贫、大数据、大生态"三大战略行动和铜仁市委市政府"大生态、大健康、大文化、大旅游"四大跨越工程的需要，紧扣生态畜牧业、生态药业、医养一体产业链的发展趋势，以畜牧兽医、药品生产技术和康复治疗技术等骨干专业引领相关专业集群化发展，打造农牧技术、制药技术和康复治疗三大重点专业群和会计、护理、计算机网络技术、汽车运用与维修技术、旅游管理的高水平专业建设和发展，着力形成服务区域大健康产业与事业发展的高水平专业体系。建设期内，打造高水平专业 8 个，其中省级骨干专业 5~6 个，力争 2 个以上专业成为国家骨干专业；打造省级重点专业群 3 个，力争 1 个专业群成为国家级重点专业群。

4. 科学研究和社会服务能力大幅提升

持续提升科技创新成果产出质量与数量，教研成果、科研成果获奖数量，高水平学术论文数量，专著出版及专利知识产权的申报与授权数量稳步增长；教学及科技创新人才和团队建设、高水平科研平台建设有新突破。积极开展面向社会的技能培训和职业技能鉴定，积极探索政校企合作新模式，深化产学研合作内涵，建立稳定、长期的校政、校企、校校战略合作伙伴关系；推进铜仁职业教育集团的学校工作，服务地区职教发展，形成一体化的"产学研用"科学研究与社会服务新模式 2 个，机制体制建设项目 4 个，具有区域性支撑作用的科技创新服务平台 8 个、科研团队 20 个，每年科研到位经费达 200 万元以上，每年教师或师生联合申报专利数达 30 项以上，每年推广实用技术 10 项以上，每年技术培训 2 万人次以上。

第四章 综合改革项目建设路径

在建设期内,坚持以章办学,依法治校,在管理水平提升和创新发展两个行动计划的指导下,以创建省级优质高职院校为契机,实施"3+1"改革内部管理体制、人事制度、人才培养机制三项重点领域改革和内部质量保证体系建设,充分调动各方积极性,优化内部管理,更新人才培养观念,提高人才培养质量;构建高效的信息化平台,推进教学工作诊断与改进机制常态化。努力培养具有创新精神和创业能力的高素质技术技能型人才,全面提升人才培养质量和办学活力。为创建具有"世界水准、中国特色、铜仁标志"的优质高职院校奠定坚实的基础。

一、内部管理体制改革

在三年建设期内,学院以管理水平提升和创新发展两个行动计划为引领,在法人治理结构改革的基础上,继续深化内部管理体制改革,规范学院的内部治理和权力运行规则,健全学院的科学决策、民主管理机制,逐步推进现代大学制度建设。

(一)构建"三大"协调机制,提高工作效率

为了巩固法人治理结构改革成果,确保学院各项决策的规范化、程序化、科学化、民主化,重点构建"三大"协调机制,提高工作效率。主要包括:①领导协调机制,书记与院长、班子成员之间建立工作沟通协调机制,以增

强政治意识、大局意识，增强互信，加强团结；②建立学院内部各部门之间的协作办事机制，提高统筹能力和效率；③建立学院项目实施的经费保障机制，提升各类项目建设水平。

（二）切实推进二级管理，激发办学活力

为了激发内部办学活力，以制定新的"三定"（定编、定岗、定员）方案为抓手，推进二级管理体制改革。进一步向二级分院下放"人权""财权""事权"，使管理重心下移，优化资源配置，充分调动二级分院在办学上的积极性。完善二级分院党政联席会议制度。探索混合制办学试点，吸引行业、企业以资本、知识、技术、管理等要素参与办学。

（三）加强干部队伍建设，提高办学治校水平

学院快速、健康、持续的发展需要高素质的管理干部队伍，探索"四位一体"从严管理干部试点，将高素质的管理队伍选出来、用出来、管出来、带出来，通过正向激励保障、负向约束惩戒等制度机制创新，建设促进干部成长的绿色通道。

1）加强能力培训，提升管理队伍的业务能力。每年安排一批干部到高水平大学或培训机构接受培训，开阔视野，提高办学治校的能力。

2）严格干部管理。严守政治关，承担主体责任，积极推进干部约谈、严肃问责常态化。把领导干部个人有关事项报告制度、提醒函询诫勉组织措施、专项整治等工作与建立"四位一体"机制有机结合起来，统筹推进落实。

3）加强年轻干部的培养和选拔力度。建立和完善干部选拔办法，注重后备干部培养，深化干部人事制度改革，多渠道选拔任用干部。

4）探索完善人才选拔、使用、激励机制。

二、人事管理制度改革

（一）全员聘用，按需设岗

推进全员聘用和岗位设置管理改革，适时出台新的"三定"方案。以教

学、科研、管理、教学辅助等职责任务为依据，按需设岗、依岗定责。推进人员管理由"身份管理"向"岗位管理"转变。深化岗位聘任改革，实行竞聘上岗、择优聘用，完善"低职高聘、高职低聘"管理办法，破除"唯职称、唯学历"的倾向，实行全员聘用管理，形成合理的竞争机制。

（二）职责分明，以岗定酬

建立按岗定酬的收入分配机制，发挥薪酬杠杆作用。适当加大奖励性绩效工资比重，分配向一线教职工倾斜，构建"多劳多得、少劳少得、优劳优酬"的分配激励机制。

（三）业绩导向，激励先进

完善绩效考评办法，实施分类考核，考核重心下移，制定不同岗位、类别的个性考评指标，建立共性指标、业务指标、个性指标和重点工作相结合的考评指标体系。将专业建设、课程改革、担任学生导师、社会服务等工作纳入工作量考核，合理确定绩效工资差距，充分体现多劳多得，优劳优酬。

三、人才培养机制改革

借鉴国外职业教育理念，结合中国和区域内职业教育实践，从职业教育培养什么样的人和怎样培养人的角度出发，深化对职业教育规律的认识，在学分制管理、校企协作育人、专业质量保证体系和优质课程资源建设等领域进行重点改革，形成良好的人才培养机制。

（一）加强学分制管理制度体系建设

1）建立"弹性"学制。打破传统刚性学制限制，完善毕业标准。

2）试行自主选课。建立学生根据专业人才培养方案要求，依托校内信息平台，结合自身学习基础、学习能力、学习时间、就业需求和兴趣方向等情况，开展校内专业内、跨专业自主选课制度；同时，形成校外［国（境）内外］与网络优质课程辅修学习的学分认定制度。

3）完善学分认定制度。构建"三实育人"制度（实习、实训、实践），将实训实习、创新创业、社会实践、竞赛获奖等纳入学分管理。

（二）加强校企"双主体"育人机制建设

以专业现代学徒制试点为主要途径，探索校企人力资源双向交流及双向流动机制，实现校企资源的深度共享，逐步推进"校中厂，厂中校"的建设。同时，通过撬动合作企业参与专业人才培养全过程，共同制定人才培养目标与规格，确定专业教学标准，开发核心课程，建设实训基地及人才质量评价体系等，实现"双主体"育人。

（三）加强专业发展与课程建设质量保证体系建设

结合区域经济和产业发展来适时优化专业结构，建立专业预警及优化调整退出机制。建立院级一般、院级重点、省级骨干和国家级骨干"四级分层"的专业建设标准体系，通过人才培养质量提升工程项目建设，带动全院专业的共同发展，形成数量更加合理、层次更加清晰的专业格局。同时，建立由院级合格、院级优质、省级在线精品、国家级资源共享课程组成的四级课程建设体系，按照"分层建设、递进提升"的课程建设思路，通过推行工学结合和工作过程系统化课程建设改革，借助院级评审和省级人才培养质量提升工程建设平台，整体提升学院各专业课程建设水平，打通课程质量上升通道，实现优质课程资源的共享，形成专业发展与课程建设质量保证体系。

四、内部质量保证体系建设

将学院内部质量保证体系建设作为工作重点，扎实推进全国职业院校教学"诊断"与改进试点工作。按照"需求导向、自我保证、多元诊断、重在改进"的工作方针，努力构建"五纵五横、三全覆盖"的质量保证制度体系。

（一）健全组织机构，明确职能分工

建立党委领导、院长指挥、质量保证委员会全面协调的质量保证领导小组，全面统筹和领导学院内部质量保证体系建设和实施的各项工作，监督任务的落实，切实保证"诊改"取得显著成效。设立专门的质量管理办公室，负责质量保证体系设计、质量监控、考核性诊断制度的建立与运行等工作。确保内部质量保证体系"诊改"工作的常态化和可持续。

（二）加强信息平台建设，形成智能校园

1）通过建设对接人才培养工作状态数据管理系统的校本数据平台，实现校本数据平台与人才培养工作状态数据采集平台无缝对接。

2）通过打通校内信息孤岛，实现各系统信息互联互通。

3）通过实时采集数据，实现数据的实时、动态和共享，推动各项工作的持续改进。

（三）完善质量管理体系，建立问责机制

学校将不断完善质量管理的规章制度，建立健全学校的质量管理体系，形成全校范围内的质量行为规范体系和质量激励与约束相结合的机制。

1）建立奖惩机制。以学校绩效考核办法为切入点，对实施的各项工作结果、过程、达标情况进行考核诊断，将考核结果与激励挂钩，实现各项工作目标并不断创造性地超越原定目标，为内部质量保证体系运行形成动力机制。

2）建立问责机制。明确实施方案中各层的职能与职责，制定具体工作标准，以此为依据实施履职测评，测评结果与部门绩效挂钩，对没有完成目标任务和出现差错的进行问责，确保各项任务的完成。

第五章 师资队伍建设路径

围绕打造一支"数量充足、结构合理、德艺双馨"的高技能、高水平的师资队伍，通过深化改革、大胆创新，严把"五关"，全面加强教师队伍的建设和管理。坚持"按需设岗、评聘分离、全员聘用"的原则，形成人员能进能出、职务能上能下、待遇能高能低的局面。逐步完善考核评价标准，建立了以业绩为导向、科学合理的教师考核评价机制。分配制度向教学科研第一线教师倾斜，鼓励优秀人才脱颖而出。大力加强师德师风建设，全面提升教师职业素养。

一、坚持"高标准"，严把"入职关"

重点是进一步完善教师激励与约束机制，建立健全学校教师准入标准和教师专业标准，提升教师的准入标准。

（一）建立健全学校教师准入标准和教师专业标准

按照"四个层次，十个要素"的建设思路，将教师分为合格教师、骨干教师、专业（学术）带头人和教学名师四个层次，运用十个要素（思想政治、师德师风、学历学位、技术职称、教育教学、组织管理、社会影响、科学研究、专业实践、德育教育）制定各层次标准，形成标准体系。

针对高职教育特点及学院发展实际，围绕从业准入标准和执业准入标准两个方面建立并完善《铜仁职业技术学院教师准入标准》，其中从业准入标准包括教师职业道德标准、基本的学历要求、教师职业资格要求、技术行业职业资格要求；执业准入标准包括教师岗前培训与上岗标准、教师相应等级岗位标准及任职要求、教师教学考核标准以及不同岗位的进退标准。

根据高职教育特点及国家职业教育发展的实际，围绕教师专业品质素养、专业知识结构、教育教学能力、教育科研能力、专业技术能力五个方面，按照岗位和专业的不同制定并完善《铜仁职业技术学院教师专业能力标准》。

（二）制定科学、全面、合理的教师激励和约束机制

坚持"以德为先、教学为要、科研为基、发展为本"的基本要求，进一步完善《铜仁职业技术学院奖励性绩效分配办法》《年度绩效目标考核实施办法》等制度，全面合理地对教师师德师风、教育教学、科学研究、社会服务、专业建设等工作业绩进行考核评价，充分发挥评价机制对教师的激励和约束作用。严格教学工作考核，突出教育教学业绩，建立健全教学工作量评价标准和教学质量评价制度；建立合理的科研评价机制，坚持服务区域经济、注重实际贡献的导向，建立合理的科研评价周期；重视社会服务考核，综合考核教师参与学科建设、人才培训、科技推广、专家咨询和承担公共学术事务等方面的工作；将教师专业发展纳入考核评价体系，鼓励教师到企事业单位挂职锻炼，到国内外高水平院校访学研修；建立考核评价结果反馈机制，切实维护教师权益，促进教师的可持续发展。

（三）落实教师岗前培训制度

帮助青年教师掌握教师的职业特点和要求，掌握高等职业教育教学的基本理论知识、方法和技能，提高青年教师的责任意识和基本业务素质；通过挂职锻炼、社会实践、专科进修、短期访学、示范教学、学术报告等多种形式为青年教师提供并创造更多培训机会，使其树立先进理念，提高教学能力和实践能力，增强创新能力。

二、实施"名师工程"，严把"素质关"

重点是通过引进和培养具有行业影响力的高技能、高层次人才，打造优

质教师团队，提升教师综合素质。德艺双馨的高技能、高层次人才对师资队伍建设具有强大的示范和凝聚作用。围绕学科建设与品牌特色专业建设，引进、培养一批师德高尚、治学严谨、学术造诣深厚的高技能、高层次人才，充分发挥其带动作用，着力打造优秀教学团队和科技创新团队。

（一）引进或培育有影响力的专业带头人

根据学校发展规模和专业建设需求，进一步修订完善《铜仁职业技术学院高层次人才引进与管理办法》，大力引进或培育行业影响力大的专业带头人，为学院搭建科学研究、社会服务、技术应用平台；高层次人才引进方面，重点在行业工匠上有所突破，提高和优化师资队伍结构。

（二）引进和培养教学名师、技能大师

启动"技能大师引进与培养计划"，制定和完善"教学名师工作室"和"技能大师工作室"制度，从国内外知名高校聘请学术水平高、教学经验丰富的学者，从企业、民间聘请一批优秀的行业专家、能工巧匠、非物质文化传承人到校任教；制定《铜仁职业技术学院教学名师评选及管理办法》，重点培养爱岗敬业、师德高尚、教学能力强、教学效果好、技术开发与社会服务贡献度大、在专业领域有一定影响的教师，为他们创造良好的工作环境和提升的条件，通过重点扶持、海内外研修、校企共育等多种方式，培养一批在国内、省内、地方高职院校中有较大影响力的教学名师。

（三）加强教学团队建设

积极打造以教学名师和行业专家为核心的专兼结合的教学团队。以专业建设、课程建设、教材建设为抓手，以国家级、省级实验实训基地建设为依托，以校企合作项目为载体，组建和培育专兼结合的教学团队和科研团队。制定《铜仁职业技术学院优秀教学团队、科研团队建设管理办法》，对优秀教学团队、科研团队给予政策支持和经费资助，实施项目化管理，明确目标要求、严格考核验收。

(四) 大力实施师资队伍国际化项目

随着国际化办学的快速发展，师资队伍的国际化势在必行。制定《铜仁职业技术学院选派出国（境）进修人员管理办法》和《铜仁职业技术学院海外高层次人才引进办法》等制度。学校通过选派留学、短期进修访学、与国外科研院所开展学术交流与合作、邀请海外知名专家讲学等多种途径大力提高师资队伍的国际化水平。建设期内，每年组织1~2名教师赴东盟国家学校任教，15~20名专业教师到境外培训。

三、构建"发展平台"，严把"能力关"

青年教师是师资队伍的有生力量，是学校未来发展的储备军，建设好这支队伍具有长远的战略意义，因此，必须强化培训，提高自身教书育人的能力。

（一）加强青年教师的培养，实现其快速成长

进一步完善《铜仁职业技术学院青年骨干教师选拔与管理办法》等制度，重视培养青年教师的师德修养、教学能力，优化新教师岗前培训，增强针对性和实效性，做好"以老带新"工作；重视青年教师的科研能力培养，设立青年教师科研基金，鼓励和扶持青年教师提高科研水平；努力提高青年教师的实践能力，大力推进青年教师下企业锻炼的制度，引导和鼓励教师深入生产一线，提高实践能力；切实抓好青年骨干教师队伍建设，扩大青年骨干教师的选拔范围和数量，带动和影响整个青年教师队伍的成长、成才、成功；每年重点遴选一批素质优良、有发展潜力的青年优秀教师作为后备骨干人才重点培养。

（二）建立教师发展中心，完善教师发展机制

以有效促进教师的教学能力提升、专业化发展、职业生涯发展为目标，建立教师发展中心，按照不同教师发展需求，构建分层分类教师培养体系，

制订教师发展分类指导方案，突出实践性和针对性；注重个性发展，提升自我诊断能力，建立教师成长档案，开展教师教学培训、搭建教学观摩平台、共享优质教学资源，不断促进教师专业发展水平；建立与教师发展标准契合的激励制度和质量保证问责机制，运用3~5年学生学业结果、课程测评、部门履职测评大数据，形成自我诊断、激励和问责的依据。

（三）充分发挥教研室等基层教学组织的创新和改革作用

加大专业带头人、骨干教师的培养力度。按照《铜仁职业技术学院专业带头人选拔与管理办法》等要求，在校内遴选一批教学、科研能力突出的优秀人才，通过专业建设、技术应用、社会服务、技术创新等途径进行培养，培养一批在行业企业有一定影响力、在专业建设方面起带动作用的专业带头人，在专业建设、课程建设、人才培养方面成为中坚力量的骨干教师。

四、实施"双师工程"，严把"技能关"

重点是建立教师培养机制，完善兼职教师管理，打造专兼结合的教学团队，提高教师双师素质。

（一）加强专业教师实践能力培养

修订完善《铜仁职业技术学院教师进企业（行业）实践锻炼管理办法》《铜仁职业技术学院"双师素质"教师认定和管理办法》等，明确双师素质教师的资格认定及培养方式，从制度上确保教师实践能力的提升。与大中型企业合作建设"双师型"教师培养培训基地，按照教师专业类别、职称级别分类、分层指导教师进入企业，以岗位锻炼、专业调研、参与技术创新与产品研发、技术服务、实习指导等为主要途径，加强专业教师实践能力的培养。专业教师任期内下企业开展实践锻炼3~6个月，直接参与企业的生产、经营和管理，积累实际工作经验，提高实践教学能力，提高"双师"素质。

（二）打通校企人力资源共享的通道

制订《铜仁职业技术学院柔性引进企业行业专家人才管理办法》，构建学校与行业、企业互动平台，打通校企人力资源共享的通道，实施多种形式的企业人才引进战略，从企业中柔性引进一批具有丰富实践经验和精湛专业技能的技术专家和管理人才，参与学院的专业建设、课程建设、实训教学、科研项目等工作。

（三）加强对兼职教师的监控管理

完善《铜仁职业技术学院校外兼职兼课教师聘用和管理办法》，按照德能并重原则，对校外兼职兼课教师进行动态化管理。建立企业专业带头人、专业教学、创新创业导师等兼职教师资源库；重视兼职教师教学能力提升；提高兼职教师的待遇，从制度和经费上支持企业兼职教师到学院建设实践教学基地。加强对兼职教师的监控管理，保证兼职教师的教学质量。

五、开展"课堂改革"，严把"质量关"

坚持质量立校的原则，重点是坚持课堂质量意识，进一步将教学质量作为教师考核核心指标。

（一）开展课堂课程教学改革，提高课堂教学质量

建立健全教学工作评价标准，将教师考核重点回归到教学质量，明确不同职称各类教师承担课程的课时要求，完善教学质量评价制度，多维度考评教学规范、教学运行、课程教学效果、教学改革与研究、教学获奖等教学工作实绩；形成重视教学的工作导向，充分调动教师从事教育教学、不断创新教学方法、提高教学质量的积极性，最终实现人才培养质量的提升。

（二）建立教师课堂"诊改"制度

根据考核、评价情况，不断改进，严格课堂教学工作考核，突出教育教学业绩。建立健全教学工作量评价标准和教学质量评价制度；建立合理的科研评价机制，坚持服务区域经济、注重实际贡献的导向，建立合理的科研评价周期；重视社会服务考核，综合考核教师参与专业建设、人才培训、科技

推广、专家咨询和承担公共学术事务等方面的工作；将教师专业发展纳入考核评价体系，鼓励教师到企事业单位挂职锻炼研修；建立考核评价结果反馈机制，切实维护教师权益，促进教师的可持续发展。

（三）严把课堂教学政治关

把师德考核摆在教师考核首位，严把教师选聘考核思想政治素质关。坚持把师德教育摆在师资队伍建设标准的突出位置，引导和鼓励广大教师树立正确的世界观、人生观、价值观，强化教师责任意识，牢固树立"以生为本"的教育理念，自觉担负起大学生思想政治教育的重要责任；坚持思想政治素质与业务能力并重考核，加强学术道德和学风教育，坚决纠正学术造假、抄袭、剽窃等学术不端行为和不正之风。完善师德考核办法，健全师德建设长效机制，把师德考核结果作为教师聘用、年度考核、职务评聘、学习进修、评优选先等重要内容和依据，制定《铜仁职业技术学院师德考核办法》，实行师德考核"一票否决"制。

第六章 高水平专业建设路径

我国职业教育经过改革开放以来40余年的发展，办学基础条件已积累了相当厚实的基础，影响人才培养质量的关键因素已转换成专业的内涵建设水平。在国家示范校等多种建设计划的支持下，专业内涵建设方面取得了很大进展，但与理想中的高水平要求相比还有较大差距。在这一背景下，职业院校提升专业内涵建设水平的愿望非常迫切，以致许多职业院校被国际教育认证深深吸引。无论是《华盛顿协议》还是《悉尼协议》，都只能提供理念和目标，而对于我们而言，重要的是建设过程，必须重视我国职业教育发展的现实问题，只有当我们的专业建设有了较高水平，参与国家专业认证才有意义。因此，优质高职院校建设必须以专业建设为指标，以专业建设过程为中心，以师资队伍建设为核心，以提升人才培养质量为目标。我们以8个高水平专业建设来带动全院45个专业发展，逐步形成以现代农牧技术和民族中兽药为引领的专业集群发展。

一、畜牧兽医专业

（一）优化人才培养模式，创新育人机制建设

1. 引入企业行业标准

将温氏集团贵州养猪公司、梵净山牧业有限公司等合作企业的猪、牛、羊、禽标准化生产规程，动物疫病防治标准化规程，动物繁殖标准化规程以

及标准化畜禽舍的管理制度等引入学校的教学中来，教师严格按照企业标准授课，使教学内容与工作岗位的工作内容高度一致。在协岗及顶岗阶段，采用企业绩效工资考核的标准来评定学生的学习成绩以及职业资格考试成绩。

2. 推进人才分层培养、着力培养杰出人才

根据学生未来发展岗位的层次，将学生培养层次设定为初始型岗位和发展型岗位两个层次来进行培养。初始型岗位主要针对畜禽饲养岗、家畜繁育岗、疫病防治岗、饲料检验化验岗、兽药饲料营销岗等，发展型岗位主要针对畜禽场技术主管、生产场长、畜牧企业区域经理、分公司经理、自主创业、升学提升等方向。另外，根据畜牧兽医行业实际，将教学内容划分调整为猪、牛、羊、禽四个方向，每个方向以不同的工作岗位组织教学，学生根据自己的兴趣爱好选择一个方向学习，以此来推进人才分层培养，着力培养杰出人才。

3. 创新人才培养机制

（1）创新产教融合机制，实现校企协同育人

1）建立校企合作育人的利益驱动机制，切实提高企业直接参与育人的积极性。建立校企双方互融机制，深化校企合作。

2）在为企业订单培养学生的基础上，转变为学校、企业双主体育人模式。校企双方建立"双主体育人"运行保障机制，建立科学的管理制度、规范的流程标准，以及在企业内部设立合作育人工作站等。

3）拓宽、拓深校企合作。学校教师参与企业生产过程，为企业破解生产难题，与企业联合申请攻关课题；企业人员参与青年教师、骨干教师的培养，校企联合建设课程，共同开发教学。以此来提高课程资源、仪器设备等方面的共享程度，促进校企深度融合，实现"人才共育、过程共管、资源共建、成果共享"。

（2）学分制教学模式改革

以学分与绩点作为衡量学生学习量与质的计算单位，以取得一定的学分和平均学分绩点作为能否毕业的标准，体现人才培养规格的多样化和个性化。课程分为必修课、公共选修课及专业选修课。学生通过课程学习，获得一定

学分。除此之外，学生还可以通过参加技能大赛、参加社团活动及获得荣誉兑换相应学分。学校统筹制定学分制实施管理规定，规定在公共选修课及专业选修课取得一定的分数才允许毕业。每门课根据成绩的优劣换算相应绩点，作为评优、评先、评定奖学金、优先推荐就业的依据。

（3）开展工学交替的教学活动

工学交替，学生在学校学习基本素质课程、行业通用能力课程、专业岗位方向课程及选修课程，在校内完成基本理论、基本技能学习；在企业完成跟师协岗、职业资格培训考证及顶岗实习。

4. 创新创业教育、关爱学生成长成才

开设创新创业课程，点燃学生的创业激情，增强学生创业意识，培养学生创业能力，了解创业政策、营销计划以及教会学生如何撰写创业计划书等。

鼓励学生申报学校科研训练项目，提升学生创新能力，引导学生进入科学前沿，了解社会、政治、经济及科技发展动态，培养科研素质，启发创新意识，提高动手能力。

鼓励学生参加铜仁职业技术学院同心养殖协会，在专业教师的指导下，校内开展创业项目，主持或参与自主养殖活动，培养学生的团队、创业、抗风险意识，提高学生实践能力。

学生参与"五元文化"与"四项主题"教育活动，提高学生思想政治和道德素养；学生参加社会实践与志愿服务活动，加深对本专业的了解，深入认识社会，确认适合的职业，为向职场过渡做准备，进而增强就业竞争优势；学生参加学术科技与创新创业活动，拓宽专业学生视野，开拓学生思路，锻炼动手能力，培养团队精神，同时加强学生就业能力的培养，缩短学生就业的"后熟期"；参加文化艺术体育与身心发展活动，发扬体育精神，增强体魄，加强集体荣誉感，提升学生沟通、表达、应变等社会能力，促进身心健康发展；参加社团活动，丰富学生校园生活，延伸求知领域，扩大交友范围，发现自己，陶冶自己；学生参加专业技能大赛与技能培训，丰富大学生课余活动，锻炼动手能力，培养团队精神，活跃校园气氛，开拓学生思路，为学生搭建一个展示的舞台，让他们有机会参加科技交流活动，让他们在和平友好的氛围下展示他们的设计和技能方面的才华和能力。

5. 质量保证及评价机制

(1) 建立专业自我诊断与改进机制

依托《铜仁职业技术学院内部质量保证体系建设与运行实施方案》，建立常态化的专业内部质量保证体系和可持续的诊断与改进工作机制，每年开展在校生学习成果评价和毕业生跟踪调查，编制专业标准、课程标准、人才培养方案，保证课程实施质量，并形成专业课程质量年度分析报告。

(2) 建立新的人才培养质量评价体系

建立由学校（校内指导教师）、行业组织、企业（师傅）、个人、家长、第三方评价机构组成的人才培养质量评价委员会。从人文素养、沟通能力、语言表达能力、职业素养、学生校内成绩、校外跟岗状况、学生成果等指标对学生进行客观的综合评价。

(3) 开发毕业生就业跟踪系统

做好毕业生跟踪工作，获得毕业生就业率、专业对口率、企业满意度等在内的专业人才培养质量指标，收集社会和用人单位的意见，形成人才培养质量报告，为教学质量保证、人才培养方案优化提供修订依据。

6. 完善人才培养方案

(1) 推行"现代学徒制"的育人模式

现代学徒制是订单办学的深化，是制度化的校企合作。由学校为企业培养员工转变为学校、企业双主体育人。校企双方按照"合作共赢、职责共担"原则，在实施招生与招工一体化的基础上，校企共同设计人才培养方案，共同制订专业教学标准、课程标准、岗位标准、企业师傅标准、质量监控标准及相应的实施方案。学生在校内由教师指导完成基本理论、基本技能学习，在企业由企业师傅指导完成跟师协岗、职业资格培训考证及顶岗实习，实现工学交替。

(2) 优化专业课程结构

1) 在现有课程体系下，破除大而全的教学理念，转为一个专业岗位方向课程的学习。现有人才培养模式下，第3~5学期分别开设《猪生产与综合实训》《禽生产与综合实训》《牛生产与综合实训》《羊生产与综合实训》四门岗位课程，每门课程 106 个学时，学生学的多，但不精。分专业岗位方向教学改革，学生根据自己的兴趣爱好，从猪养殖、牛养殖、羊养殖、鸡养殖四个岗位方向，由大而全、全而不精转为专而精。

2）开设拓展衔接课程。针对刚入职员工，在入职后首先要开展素质拓展的训练以及接受企业文化教育，使毕业生在毕业后直接进入岗位，免去以上两个环节；另外，为了使学生更加清楚的了解不断变化的养殖形势，提高学生的口才水平以及学生未来的竞争力，特开发《素质拓展训练》《演讲与口才》《现代企业文化》《兽药与饲料营销》《电子商务》《畜牧兽医法律法规》等衔接拓展课程。

（3）建立新的人才培养质量评价体系

建立由学校（校内指导教师）、行业组织、企业（师傅）、个人、家长、第三方评价机构组成的人才培养质量评价委员会。从人文素养、沟通能力、语言表达能力、职业素养、学生校内成绩、校外跟岗状况、学生成果等指标对学生进行客观的综合评价。

（二）师资队伍及教学团队建设

1. 专业专任教师及其发展

制定专业专任教师发展提升计划书，围绕教学能力提升、实践能力提升、职业资格提升及职称晋升 4 个方面促进专业专任教师的发展。教师通过参加教学能力提升研修班、听取老教师讲课及教学观摩的形式提高专任教师教学能力的提升。教师通过到企业一线挂职锻炼提高实践能力及职业资格晋升为技师、高级技师。通过主持或参与科研项目促进教师晋升为副教授、教授。完成 13 人参加教学能力提升培训班；完成 14 人到企业挂职锻炼；完成 2 人晋升技师职业资格，2 人晋升高级技师职业资格；完成 1 人晋升副教授，1~2 人晋升教授。

2. 专业带头人

确定 2 名教师为专业带头人培养对象，提升现有带头人的专业带头人能力。通过主持专业方向的教学改革课题研究、课程建设及实训基地建设，提高专业建设能力和业务水平。通过指导校企互聘、校企共培等活动的运行，进一步密切校企合作关系，提高技术服务能力和组织协调校企合作的能力。通过出国考察学习，了解专业方向的国际技术应用前沿，掌握国内外畜牧兽医行业先进的科学技术及前沿知识，学习先进的办学理念和教育教学方法。通过社会调研、考察学习等形式学习先进的办学模式和办学理念，把握专业发展方向。

3. 骨干教师

在现有 6 名骨干教师的基础上再培养 1 名骨干教师，形成猪、牛、羊、禽等养殖与疾病防治均有骨干教师把关的局面。

4. 双师素质教师

在现有 16 名双师素质教师的基础上再培养 2 名教师成为双师素质教师，使双师素质教师的比例占专业专任教师的 100%。

5. 兼职教师

在现有兼职教师的基础上，新聘 21 名畜牧兽医行业、企业的技术骨干和养殖能手充实兼职教师资源库，使兼职教师专业授课比例达 50%，确保顶岗实习指导任务的完成。

6. 教师企业实践能力提升

通过到行业内知名培训机构进行技术培训、鼓励教师到企业实践锻炼、参与企业技术开发、鼓励教师考取职业资格证等途径提升教师的企业实践能力。

7. 教学团队建设

本专业现有专任教师 16 人，在现有羊、禽专业带头人的基础上，再培养专业带头人 2 名，形成猪、牛、羊、禽方向均有专业带头人的局面，带领专业建设与发展；打造省级以上教学名师 1~2 名，院级 2 名；申报获批省级以上教学团队 1~2 个；申报获批省级以上大师工作室 1~2 个。

（三）课程建设

1）开发基于岗位能力课程的专业资源库，形成覆盖整个武陵地区甚至全国大部分地区的网上学习平台，为毕业后的学生、行业企业员工及社会学习者提供帮助。专业资源库涵盖行业标准库、专业标准库、课程资源库、教学素材库、职业资格证书培训库。通过专业资源库的建设，力争建设 2 门省级精品在线开放课程，每门课程建设微课程 20~30 个。

2）开发与企业生产过程相配套的校本教材 6 部，公开出版教材《中西兽医结合应用技术》《猪生产与综合实训》《牛生产与综合实训》《羊生产与综合实训》《禽生产与综合实训》5 部，力争其中 1 部进入"十三五"规划教材。

3）打造《猪生产与综合实训》《牛生产与综合实训》《羊生产与综合实训》《禽生产与综合实训》四门课程为院级优质课程，打造《中西兽医结合应用技术》《宠物外科手术技术》为院级特色课程。

（四）实验实训基地建设

1. 校内实验实训基地建设

在现有生态养殖科技园的基础上，构建多功能"二园四中心"生态实训基地，完善相配套的管理和运行机制，配足、配齐、配优畜牧兽医专业实践实训设备，满足专业基础性实训、生产性实训等人才培养需要。对接企业生产技术、技能大赛和创新创业大赛的要求，建立集教学研究、社会培训、技能鉴定、技术服务和创业孵化为一体的多功能实训基地。创新实训基地建设，积极推进"校中厂"生产性实训基地建设，建成与现代企业生产服务场景相接近的实训环境，打造与现代企业文化相对接的实训文化，加强实训教学中的职业素质与工匠精神的培养。保证学生实训与企业生产相结合，实习产品与市场需求相对接，实现消耗性实习向生产性实习转变，提升实训设备资源的经济效益与社会效益。力争申报获批省级开放性实训基地 1 个（见表6-1）。

表 6-1 校内实训基地建设情况表

序号	建设内容	主要购置设备	性质
1	牧草种植科技园	牧草收割、加工设备	新建
2	生态养殖科技园	禽粪尿处理、有机肥生产线、智能养殖系统	改扩建
3	饲料加工和分析检测中心	实验桌、空调、饲料破碎机、饲料打包等	改扩建
4	畜禽繁育改良中心	实验桌、空调、活体采卵仪、胚胎冷冻仪显微成像系统	改扩建
5	兽医临床诊疗和检疫检验中心	实验桌、空调、血液生化分析仪、兽用全数字机械扇扫超声诊断仪、显微镜等	改扩建
6	生态养殖技术服务中心	空调、电脑、打印机、投影仪、养殖及疾病治疗光盘等	改扩建
7	宠物疾病诊疗中心	彩色B超仪、生化分析仪、血气分析仪、数字化X光机、立式空调、挂壁式空调、打印机、手术台、冰柜等	改扩建
8	特种水产繁养和生态工程理实一体实训室	空调、养殖桶、特种水产驯养缸、繁殖洄游环道、孵化器与展架、水深圆桶、潜水泵、变频器、控制柜、循环泵、便携式移动灯、PTC控温加热棒	新建
9	水产综合实训室	实验桌、空调、水生生物驯养选择缸、观赏水族缸、智能化水质在线监测系统、多参数水质功能检测仪、触屏一体机	新建
10	动物解剖实训室	空调、小动物解剖器械12件套、大动物解剖器械、化学实验桌、动物解剖挂图、动物解剖模型	改扩建

2. 校外实验实训基地建设

主要包括"厂中校""准就业"校外实训基地。

在温氏集团贵州养猪公司、松桃德康农牧有限公司、贵州梵净山生态农业股份有限公司、贵州努比亚牧业发展有限公司4个紧密型合作企业建立"厂中校"实训基地，体现"人才共育、过程共管、责任共担、成果共享"，实现《猪生产与综合实训》《牛生产与综合实训》《羊生产与综合实训》《禽生产与综合实训》4门专业岗位方向能力课程在"厂中校"校外实训基地运行。

在现有的35个校外实训基地管理的基础上,新增15个具有一定代表性和影响力的企业为"准就业"校外实训基地。为学生顶岗实习和就业提供足够的岗位。

(五) 科学研究及社会服务能力建设

1. 科研规划

为进一步挖掘贵州省畜禽资源潜力,推进山区现代农业和生态文明建设,提高畜禽产品生产供给能力和市场竞争力,积极申报建设贵州省山地生态畜牧业工程研究中心,因地制宜发展适度规模化的畜禽养殖场,推广畜禽标准化生产技术、集约化经营方法。具体包括:健全畜禽良种繁育体系,推进畜禽品种改良;加强草地资源保护和建设,推广冬季农田种草养畜,促进秸秆饲料化加工利用;加强动物疫病防控体系建设,建立畜产品质量可追溯体系;坚持转变生产方式,使标准化适度规模养殖成为山地生态畜牧业的主要生产方式;构建全过程、全要素的山地生态畜牧业污染控制与管理体系。立项建设市级以上科研平台2个;发表省级以上期刊10篇,其中核心3篇以上。

2. 科研项目

主持承担市级以上科技课题5项,与企业合作开展横项课题研究2项以上,力争年科研经费到位10万元。

3. 社会服务能力

依托校内生态养殖技术服务中心,联合"张华琦技能大师工作室",与铜仁市农业委员会、铜仁市畜牧兽医局、铜仁市科技特派员协会建立产学研结合的社会服务平台,发挥行业连接学校、企业(养殖户)的纽带作用,建立社会服务响应机制,打造铜仁职业技术学院畜牧兽医专业社会服务品牌。具体包括:面向行业,通过举办技术培训班提高基层技术人员的技术水平;面向畜牧企业、畜牧小区、养殖大户,通过技术培训、挂职技术总监、联合开展课题研究,为企业提供技术支撑,解决畜牧生产技术、新产品研发、新技术应用、关键共性技术攻关、科技成果集成转化等难点问题，同时制订技术实施方案，示范推广先进技术，协助畜牧企业、畜牧小区、养殖大户等畜牧经营主体开拓市场、打造品牌；面向养殖户，通过技术培训、"120 技术服务热线"提高养殖户技术水平，为养殖户解决生产中的实际问题，以此增强专业教师服务社会的能力。年完成生态养殖及疫病防治技术培训 300~400 人次，职业技能鉴定及资格认证 200 人次。

（六）辐射带动及专业群建设

1. 辐射带动作用

省内兄弟院校同类专业在校企合作机制、人才培养模式、课程体系建设、课程建设、师资培训、校内实训基地建设、校外实训基地平台搭建、社会服务等方面提供必要支持，联合开展科学研究，课程建设，充分发挥畜牧兽医专业在省内的示范作用，提高专业在省内的知名度和影响力。

2. 专业群建设

建设以畜牧兽医专业为龙头的具有现代观光农业产业优势的农牧技术专业群。

1）围绕休闲农业、设施果蔬生产、特种经济动物饲养、畜产品加工、畜产品质量安全控制及检测岗位职业特点，形成岗位能力调研报告。

2）基于以上岗位的典型工作任务，遵照学生的认知规律与职业成长规律，围绕行动领域典型工作任务完成所需的知识、技能与素质来设计教学情境，系统设计平台课程，重组教学内容，开发课程标准及资源。优化《畜产品加工》课程标准，开发《休闲农业》《设施果蔬生产技术》《特种经济动物饲养》《畜产品质量安全及检测技术》《畜产品安全生产》5 门课程，建成包括课程标准、教学案例、教学图片、微课、教学视频、教学课件在内的课程资源。建设开发的课程贯穿特种经济畜产品的生产、加工到销售各个环节。

3）选派培养对象通过进修学习、挂职锻炼、参与教学改革和实训基地建设、技术服务等，培养骨干教师 2 名，双师素质教师 2 名，省级职教名师 1 名，依据专业群教学需要新增兼职教师 3 名。

（七）加强对外交流，扩大专业影响

1. 国际合作交流

着眼于国家"一带一路"倡议，依托铜仁职业技术学院国际教育学院国际办学平台，开展国际合作交流，与境外院校教师互访，选派专业技术人员到发达国家学习现代畜牧业发展模式，学习新技术，以此服务教学；同时，与境外院校开展交换生活动，派遣优秀学生到境外交流，以及接收留学生到国内了解中国文化。

2. 国内合作交流

具体包括：①通过到知名学府和研究院所做访问学者，加强技术开发能力锻炼和前沿理论学习，提高专任教师的技术开发能力。②与省内兄弟院校的同类专业在校企合作机制、人才培养模式、课程体系建设、课程建设、师资培训、校内实训基地建设、校外实训基地平台搭建、社会服务等方面提供必要支持，联合开展科学研究与课程建设，充分发挥本专业在贵州省内的示范作用，提高专业在贵州省内的知名度和影响力。③在国家示范校之间互派学生、互派教师，在学生跨区域培养上展开合作，提升专业的知名度。重点帮扶高职院校两所。

二、药品生产技术专业

（一）优化人才培养模式

1. 加大与知名企业合作力度

与贵州百灵企业集团制药股份有限公司、贵州信邦制药股份有限公司等大型企业合作，开展现代学徒制、订单培养等人才培养形式，深化校企融合办学路径。

根据企业需求，为企业培训员工，为企业员工提供专科、本科等成人学历教育；以现代学徒制形式开展全日制学历教育。

2. 引入行业企业标准

与企业专家共同研制药品生产技术人才培养方案、编写相关教学资料，

共建专业教学团队和科研团队服务教学,共建教学考核和评价体系,将企业科学的管理模式引入教学管理体系中,将岗位标准引入教学内容中。

3. 加大选修课程开发

建立突出职业能力和素质培养的课程体系,探索学分制改革,加大选修课程的开发与推广力度,使之能满足学生自主学习、个性化发展的需求。

4. 推行分层分类培养

本专业普高、单独和自主招生的学生实施分层分类教学培养。在实施过程中,做到分层备课,明确培养目标;分层施教,注重个性发展;分层练习、分层辅导,适应个别需求;分层考核,达到知识技能培养目标。

5. 开展杰出技术技能人才培养

对学有余力的部分学生,实行科研和创新双导师制指导,注重创新能力的传授。重点培养综合职业素质优良,精通药品生产专业技能,会检测、营销、研发、用药服务等相关技能的杰出技术技能人才。

(二)创新校企协同"双主体"育人机制

1. 创新人才培养机制

(1)实行双导师制

以校内工厂——贵州大西南中药植物科技有限公司和药品生产技术专业专兼职教学团队的优势,推行"导师+师徒"制,导师对学生从选课、学业辅导、职业规划、能力提升、生活关怀等方面开展指导工作,并将其贯穿至学生的3年大学生涯中。

(2)实施协同育人

以校内"民族中兽药分离纯化技术国家地方联合工程研究中心""博士后科研工作站""贵州省中兽药工程研究中心""贵州省民族中兽药工程技术研究中心""贵州省民族中兽药与生态畜牧业人才基地""贵州省认定企业技术中心"等高层次科研创新平台和贵州百灵企业集团制药股份有限公司、贵州益佰制药股份有限公司等协同育人,创新校企协同育人机制。

2. 教育教学改革

开发具有贵州特色的中—高—本衔接贯通培养模式，系统设计药品生产技术专业教学标准和课程标准。

（1）改革教学方法和手段

强化"以学生为中心"的理念，广泛运用启发式、探究式、讨论式、参与式教学，根据专业课程的性质不同，实施不同教学方法手段的改革，在《固体制剂生产与检测技术》等专业核心课程中实现"教学做一体化"教学；在《临床医学概论》等理论性较强的专业课程中推行讨论和启发式教学方法改革；在《药品质量检测技术》等实践性较强的专业课程中推行项目化教学。实施以能力考核为主线的考核方式改革；将提高学生职业技能和培养职业精神高度融合，注重学生职业养成教育，培养学生可持续发展能力。

（2）开放教学资源

应用现代信息技术改造传统教学，探索交互式课堂教学，促进泛在、移动、个性化学习方式的形成。根据调研结果，结合行业特点和企业需求精心选取教学内容。以工作任务为中心，以微课、现场视频、实操分解视频、网络拓展视频、专家论坛视频的形式，开放专业标准、课程标准、作业、实训项目、教学课件、参考资料等丰富的网络学习资源。开放校内外生产性实训基地，给学生提供丰富的实践训练机会。

（3）开展现代学徒制试点

拓展和聚合本专业现代学徒制的教育教学资源，以协同育人合作单位为主要实施平台，积极开展现代学徒制试点招生工作，力争成为贵州省现代学徒制试点专业。

（4）采取任务驱动教学模式

让学生在教师的指导下，完成工作项目任务的设计操作实践，并对实践操作中存在的问题进行思考、研讨、解答，培养学生分析问题和解决问题的能力。让学生在企业师傅的带领和指导下，完成岗位一线工作任务，掌握岗位操作技能，培养学生安全意识、质量意识、职业精神、合作沟通等职业综合素质和工作胜任能力。同时，依托铜仁职业技术学院民族医药研究所、植物药生产技术国家级教学团队及贵州省中兽药研发科技创新人才团队等人才资源优势，以教师承接的在研课题和与企业合作开发的横向课题研究为平台，实施"导师"制，通过教师主持、学生参与，使学生在研发中提高、在生产中学习，实现"学研结合"的人才培养模式。

（5）加强工学结合课程建设

以培养学生能力为基本线索，按照"工作过程系统化""项目课程""任务驱动"等课程改革先进理论，对不同类型的课程进行不同的课程改革，将传统学科体系下的课程进行工学结合改革，通过课程开发小组深入企业一线调研，收集职业岗位工作内容与场景资料，分析职业岗位，并按照课程定位、目标、任务、内容、教学建议、考核评价、课程资源开发与利用、参考文献选用、课程计划与学时分配等要求编制课程标准；在以培养学生综合能力为主线的基础上，综合考虑社会需求、知识结构和个性发展三大因素，优化课程内容，协调处理好知识、技能、职业素养三者之间的关系；实时引入行业、企业的新知识、新技术、新标准、新设备、新工艺、新成果和职业资格标准，充分融入地方特色资源，开发基于工作过程的任务驱动和项目化课程，开发体现行业优势和专业特色的地方特色校本教材。

（6）培育教育教学改革成果

力争获得省级教育教学改革与实践项目2项以上；出版教材4部，力争其中2部以上为"十三五"规划教材。

3. 创新创业教育

（1）开展多形式的创新创业教育

以民族中兽药分离纯化技术国家地方联合工程研究中心、博士后科研工作站、贵州省中兽药工程研究中心为平台，创新校企协同育人机制，建立创新创业导师团队，指导学生选择创业项目以及撰写创业计划书等。举办企业家讲座，聘请贵州医药大健康产业基地、创业园中的专家、企业家定期来校开办创新创业讲座，并将其中的典型成功案例编写成创新创业宣传手册。通过建设和开放创新实训室，引导学生在导师的指导下，自主选题、自主设计实验实训、组建实验实训设备、实施实验实训、进行数据分析处理和撰写总结报告等工作。支持学生开展创业计划、创业模拟活动。利用校内外实践教学基地和创业创新工作室开展真实的创业活动。组织实施大学生实践创新训练计划，规范实施省级大学生创新训练计划项目立项，加大院级创新计划项目的支持力度。鼓励大学生开展研究性学习和创新性实验，支持学生尽早参与科学研究、技术开发和社会实践等创新活动。

（2）培育学生创新创业成果

力争获得国家级或省级大学生创新创业训练计划项目3项以上；力争省级教育教学改革与实践项目达到3项以上。

4. 学生成长与发展

（1）完善学生素质拓展项目

本专业人才培养方案中有素质活动课程，包涵"五元文化"与"四项主题"教育活动、社会实践与专业技术服务活动、技能竞赛与科技创新活动、文娱与身心发展活动、社团活动。通过积极开展政治思想教育工作，使学生逐步养成遵纪守法，廉洁奉公，注重职业道德的优良品质；开展专业技能展示大赛、运动会、歌唱比赛、形象大使展示等一系列特色鲜明、丰富多彩的学生活动，培养学生综合素质，提高对专业的兴趣和信心。

（2）建立职业技能竞赛常态化运行机制

成立技能竞赛项目兴趣小组，安排专任老师作为竞赛导师，加强练习，定期组织班内竞赛、年级竞赛、校间竞赛，使技能竞赛由"应急态"转变为"常态化"，并获得院级以上技能竞赛奖2~4项。

（3）进行"课证一体化"课程建设

选取与药物制剂工、中药炮制与配制工技能考证有关的课程进行"课证一体化"建设。将考证的内容有机的融合到课程内容中，体现在教材、实训项目以及考核当中；完成相应的课件、教材、试题库等教学资源；进一步开发成微课，使教学资源网络化。学生根据自身职业发展规划，从上述技能工种中选取1~2项重点突破，使毕业生高级职业技能证书的获取率超过95%。

5. 质量保证

（1）建立人才培养质量保证体系

积极探索建立常态化的专业内部质量保证体系和可持续的诊断与改进工

作机制，形成适应高素质技术技能人才培养要求的学校、行业、企业、社会机构参与评价的多元质量评价模式和保障体系。由行业专家、技术骨干、专业教师组成专业管理委员会，主任由在行业、企业中有较大影响的权威人士担任，副主任由既是专业教研室主任又是专业带头人的专业教师担任。在专业建设与管理过程中推行专业管理委员会决策咨询与专业带头人治学机制。专业管理委员会作出的决定由教研室主任负责具体实施。专业实训部主任由在行业、企业有一定影响力的兼职教师担任，具体负责专业校企合作和实训教学管理。

（2）完善顶岗实习跟踪监控机制

与省内外规模较大的制药企业实施合作办学，将企业文化、职业素质、岗位能力融入人才培养方案，并完善《校企联合培养协议》《校企联合培养有关管理规定》和《校企联合培养实施方案》等，以实现校企联动、互惠双赢。依据《铜仁职院学生顶岗实习管理暂行办法》，制订药品生产技术专业《顶岗实习校企共管制度》《顶岗实习指导教师管理办法》及《顶岗实习学生成绩评定办法》等，完善"一人一岗、定期寻访、以师带徒、出师定薪"的顶岗实习管理制度，抓好顶岗实习的前期准备、初期安排、中期检查、后期总结"四环节"；全面落实从顶岗实习计划、实习企业选择、实习岗位需求、实习教学标准、指导教师带队、实习待遇到实习考核的"七落实"；同时，成立以校内教研室主任为组长、企业参与的顶岗实习与就业工作领导小组，全面负责顶岗实习的组织与过程监控管理，确保学生顶岗实习的时间和质量，提高顶岗实习学生的留用率和就业率。

（3）建立毕业生质量跟踪调查机制

由学院毕业生就业工作领导小组统筹规划，建立毕业生的跟踪、调查及反馈机制，完善教学质量监控体系，了解学院毕业生的工作适应程度，以及毕业生在用人单位的工作表现和用人单位的意见。加强人才培养与社会现实需求的紧密衔接，进一步推动和深化学院教学改革，培养高端技能型人才。通过了解学院毕业生走上工作岗位后的思想品德、专业技能和专业知识综合运用能力以及适应岗位工作等情况，有效地改进学院的教育教学工作。

(4) 建立人才多元质量评价模式

完善形成性考核、岗位能力考核和行业职业资格认证等综合考核评价体系，将学习态度、工作表现、学习过程、操作测试、理论考试、资格认证、创新实绩等融入学业考核评价内容，引导学生学习能力、岗位工作能力、实践创新能力的发展。完善《课程学业成绩考核评价方案》和《专业双证书规定及考核鉴定管理办法》等专业课程考核办法和方案，充分发挥行业、企业在人才培养质量评价中的作用，以期更好的反馈和完善人才多元质量评价模式。

(5) 建立专业自我诊断与改进机制

依托学校、分院组建专业的教学督导小组，专职教师每个学期都要接受督导、院领导、教研室主任的不定期听课，每学期末进行学生评分、督导评分、同行评分、教师述职、年终考核、评优评先。每学期召开学生座谈会，了解学生学习、生活情况，以及对教师授课情况进行调查，再反馈给学院和教师，学院再集中分别召开学生座谈会和教师座谈会，听取学生对学院管理教学各方面的意见，听取教师对学院各项工作的反馈，特别是教学工作存在的问题。其次是研究如何改进学院的实践教学环境，进一步深化产学合作，实现专业与就业岗位的对接。对本专业学生毕业后进行人才培养质量跟踪调查反馈，从学生在企业中的思想道德表现、动手能力、敬业精神、人文素质、协作精神、社会适应能力、工作实绩等各项指标进行调查，及时反馈企业人才需求变化，为人才培养方案的修订提供切实可靠的依据。

（三）完善教师激励机制，加强教学团队建设

1. 建设思路

建立长效机制，将教师参与专业建设、课程改革、担任学生导师、应用技术研发与社会服务等工作纳入教师的教育教学工作量，列入个人考核指标，并将考核结果与教师的工资收入、评先评优、科研津贴等挂钩。择优选优秀硕士以上毕业生和面向企业、行业招聘技术骨干，充实专业教师队伍，优化专任教师队伍能力、学缘和知识结构。实施学校培养与企业聘请专业带头

人相结合的举措,促进专业建设、深化校企合作。通过到知名高校及研究院所做访问学者,加强教师技术开发能力锻炼和前沿理论学习,提高专业教师的技术开发能力。通过选派教师到企业挂职锻炼、技术服务,提高专业教师的实践能力。通过承接横向课题,在提高教师技术服务能力的同时,培育教师作为企业的技术顾问、技术总监、技术帮手,进一步密切校企合作关系。通过参与实训基地建设、课程开发等,提高教师的教学设计、教学组织能力和双师素质。通过聘请技术骨干、生产能手授课和指导学生顶岗实习,提高兼职教师承担专业课教学的比例,加强对兼职教师的教学组织能力训练,提高兼职教师的教学水平。

2. 建设内容与措施

在学院国家级教学团队的基础上,采取企业实践、社会服务、国内培训、国外学习、互兼互聘等多种形式,通过三年建设,引进专业教师4人、打造省级教学名师1人、申报省级教学团队1个、培养骨干教师8人、教师企业实践能力提升16人、建立36人以上的兼职教师资源库,按照各类培养对象对能力、层次的具体要求,对教师的职业道德、业务素质、教育教学业绩、科研能力和参与企业新技术应用、新产品开发、社会服务等进行考核,并将考核结果与评先评优、晋职晋级、科研津贴相挂钩,做到培训、考核、使用与待遇相结合。针对不同的培养对象,逐步提升教学组织管理能力、课程开发能力、专业建设能力、教科研能力及技术服务能力,力争使之成为院级、省级、国家级教学名师。打造"上得讲台、下得车间、能搞研发"的教学胜任力强的专兼结合创新型教学团队。专业教学团队建设目标见表6-2。

表6-2 专业教学团队建设目标

建设项目	现有基础	建设目标	备注
专业教师	20	24	新增4人
省级教学名师	0	1	新增1人
省级教学团队	0	1	新增1个
骨干教师	12	20	新增8人
教师企业实践能力提升	0	16	新增16人
兼职教师库	24	36	新增12人

（1）省级教学名师培养

通过参与校企合作体制机制创新、人才培养模式改革、课程体系构建、引企入校等专业建设工作，建立大师工作室，指导专业教师共同进行企业科研活动，打造专业建设领军人物，具体培养标准和措施见表6-3。

表6-3 教学名师培养标准及措施

培养对象	培养标准	培养措施
省级教学名师	1. 具有较高的专业建设顶层设计水平和能力 2. 具有较强的教学研究，主持过省级及以上教育教学课题研究，指导骨干教师开展专业建设工作 3. 技术应用能力强，牵头开展面向行业技术研发、技术服务，主持校企合作横向课题 4. 开展社会服务工作，提升社会知名度 5. 有较高的教学水平，在同行及学生中威望高、影响大 6. 教学团队建设成效显著，指导和帮助青年教师提高教学水平 7. 指导学生参加技能竞赛并取得突出成绩	1. 通过参加国内外学术交流、职业教育研讨会、高职院校考察学习，形成学习或考察报告，深化职教理论认识 2. 通过主持1项省级或省级以上科研课题或横向课题研究，提高科研和技术开发能力 3. 主持建设1门专业优质核心课程，指导2名骨干教师 4. 通过主持实训基地建设、教学改革等，提高其教学及组织能力 5. 通过对制药行业岗位能力和人才需求的调研，提高专业设计能力，协助专业人才培养方案的修订等工作 6. 通过开展社会服务工作，年培训达100人次以上，提升社会影响力 7. 通过开展课程教学设计大赛、精彩一课、微课、指导学生参加技能竞赛等活动，提升其教育教学能力 8. 力争赴新加坡、德国、美国等进行专业教学方法研修学习

（2）省级教学团队

以专业建设、核心课程建设、社会服务能力建设为重点，制定团队建设规划，组建校企合作研究团队，力争将药品生产技术专业教学团队建成一支熟悉职业教育规律、专业水平较高、职业技能过硬、老中青搭配、"双师"结构合理、专兼结合的省级以上优秀教学团队，促进专业与产业对接、教学过程与生产过程对接，保持在区域内产业的技术领先水平。省级教学团队培养措施见表6-4。

表 6-4 省级教学团队培养措施

建设对象	措施
省级教学团队	1. 聘请行业企业知名专家举行专题学术研讨会，分析国内外的最新行业动态和相关学科的前沿发展趋势，更新思想、提高认识，促进教师业务能力的提高 2. 实施"名师工程"，通过参加学术交流、参加企业技术研发及进行技术服务，打造省级优秀教学团队的领军人物 3. 依托教师专业技能大赛，提升教师的影响力 4. 举办青年教师教学基本功大赛与实践操作技能大赛，鼓励教师指导学生参加技能大赛 5. 聘请行业、企业能工巧匠 1~2 人参与团队建设 6. 力争赴新加坡、德国、美国等进行专业教学方法研修学习

（3）骨干教师培养

建设期内，将校内 6 名专业教师逐步培养为专业骨干教师，骨干教师的培养标准和措施见表 6-5。

表 6-5 骨干教师培养标准及措施

培养对象	培养标准	培养措施
骨干教师	1. 具有良好的师德师风，注重教书育人，甘于奉献 2. 研究生以上学历或具有中级专业技术职务以上 3. 有独立承担 1 门以上专业核心课程 3 轮以上的教学经历，有参与课程开发或精品课程建设或实训基地建设管理的经历 4. 具有独立的理论讲授和实践指导的能力，教学效果好，同行和学生评价得分 85 分以上 5. 参加国内学习培训不少于 3 次 6. 主持 1 项院级或院级以上教育教学改革课题或主持 1 项以上横向（纵向）课题，到位经费 1 万元以上	1. 通过参加国内高职院校师资培训、专业考察学习、职业教育研讨会等，形成学习或考察报告，拓宽视野，更新观念 2. 通过承担 1 门核心课程建设和教学改革等，提高课程开发能力和教学组织能力 3. 通过主持或参与 1 项企业横向课题研究，提升研发和服务能力 4. 通过 3 个月以上的企业挂职锻炼，提高实践能力及职业综合能力 5. 通过参与执业资格考核，获得执业药师资格证书 6. 通过开展课程教学设计大赛、精彩一课、教学艺术评比等活动，提升其教育教学能力 7. 力争赴美国、澳大利亚、德国、新加坡、英国进行专业教学方法研修学习

(4)教师企业实践能力提升

通过到行业内知名培训机构进行技术培训、鼓励教师到企业实践锻炼并参与企业技术开发、鼓励教师考取职业资格证等途径提升教师的企业实践能力,具体途径和措施见表6-6。

表6-6 教师企业实践能力提升途径及措施

项目	途径	培养措施
教师企业实践能力提升	1. 参加师德师风培训教育,注重教书育人,甘于奉献 2. 参加国内学习培训不少于1次 3. 企业锻炼或工作经历不少于3个月 4. 有参与课程开发、基地建设或新技术培训的经历 5. 主持院级或院级以上教科研课题1项	1. 每学期安排3~5名教师参加国内学习培训,掌握职业教育规律 2. 每学期安排3~5名教师分别到贵州同德药业有限公司、贵阳新天药业股份有限公司等制药企业挂职锻炼 3. 每学年安排6名教师到校中厂进行实践教学 4. 通过参与职业资格考核,获得技师以上职业工种证书 5. 通过进企业、到基地、下农村开展科技惠民服务,提升教师的科技服务能力

(5)兼职教师资源库

制订"兼职教师任职标准""兼职教师考核管理办法",对现有兼职教师队伍的结构进行调整优化;聘用12名符合工学结合需要的、技术过硬的能工巧匠作为兼职教师,建立兼职教师资源库,具体兼职教师聘任标准及措施见表6-7。

表6-7 兼职教师聘任标准及措施

培养对象	聘任标准	培养措施
兼职教师资源库	1. 具有较强的敬业精神,热爱教育事业,有责任心,组织纪律性强 2. 有3年以上连续从事本专业方向的企业工作经历,能承担本专业的实践教学任务 3. 同本院的专职教师一起共同开展专业建设、课程建设、科研攻关等方面的工作 4. 对本院教师进行传帮带	1. 参加国内外教育教学能力培训 2. 加强与校内专任教师的交流,使其了解高职教学的特色和要求,提升教学能力 3. 安排兼职教师参加教研活动,如人才培养方案的修订和优质课评比等 4. 参与专业建设、基地建设、课程与教材建设、科研等工作 5. 参与专业课程教学,参与教学实践、顶岗实习、毕业设计指导 6. 参与本院教学团队建设

（四）校企共建共享，提升教学条件

1. 优质教学资源

建立可满足"互联网+"时代教育要求的数字化教学与信息化管理平台，平台使用效果显著。建设覆盖专业核心课程、主干课程的药品生产技术专业教学资源库。建设精品在线课程 4 门，力争其中 1 门以上建设成为省级精品在线开放课程；每门课程建设微课程 5 个，实现校内开放、校外共享。

2. 校内实训基地建设

新建面积 100 平方米的粉针剂实训室、100 平方米的软胶囊制剂实训室、140 平方米的精密仪器实训室；完善行业通用课程及专业课程的实训室功能，满足学生对药品生产、药品质量检测技术的实训操作。建设情况见表 6-8。

表 6-8　校内实训基地建设情况

序号	建设内容	主要购置设备	实训室面积/平方米	性质
1	粉针剂实训室	洗瓶机、隧道灭菌干燥机、灌装机、冻干机、轧盖机、不干胶贴标机等联动生产线和空调、冰箱、投影仪	100	新建
2	软胶囊制剂实训室	软胶囊生产主机、转笼、胶体磨等联动生产线和空调、冰箱、投影仪、吸尘器	100	新建
3	精密仪器实训室	高效液相色谱仪、气相色谱仪和空调、冰箱、投影仪	140	新建

3. 校外实训基地建设

在巩固现有 23 个校外实训基地的基础上，新增专业对口的 10 个校外顶岗实习基地，使之成为学生顶岗实习、校企合作开发科研项目的重要基地。同时，为学生参观、见习、项目任务型课程教学、顶岗实习等提供真实的工作环境。将贵州信邦制药股份有限公司、贵州建兴药业公司、贵州景峰药业公司建成教学紧密型合作企业。

4. 实训基地运行管理

（1）校内实训基地运行管理

在专业实训项目部的领导下，施行"教师指导、员工管理、学生实训"的开放式管理模式，明确指导教师责任，学生以实训小组为单位，与实训部签订实训协议，专业项目实训部按协议落实实训场所，按《铜仁职院学生顶岗实习管理办法》《铜仁职院制药实训基地运行管理办法》等规定，教师现场指导，员工现场服务，学生完成项目实训和顶岗实习任务。

（2）校外实训基地运行管理

按照"分剂分期、学研结合"人才培养模式运行机制，在专业实训项目部领导下，按《光正药业学生顶岗实习实施管理办法》等实训基地运行管理制度规定，落实"一人一岗、以师带徒、出师定薪"的顶岗实习管理办法，做到顶岗实习计划、教学标准、指导教师、企业、岗位、实习待遇和实习考核"七落实"，实施学生实训实习安全责任保险制度，明确学校、学生、企业、指导教师各自的责任与义务。

（五）专业社会服务能力建设

通过服务企业折算学时、对贡献突出的教师给予立功嘉奖等措施，建立和完善专业教师紧密联系企业、为社会服务的激励制度。

依托本专业的教师队伍、校内生产性制药基地，以及国家、省级药品工程技术研发中心等高层次科技创新平台，在三年建设期内，承接与制药领域等企业联合攻关项目4个以上，到位科研经费50万元以上。开展射干、玄参、重楼等道地药材和艾纳香等苗药的种植与开发，实施5个以上专业村的药材种植和技术帮扶，带动农民脱贫致富。每年为铜仁市大健康产业中的养生产业、药膳产业、医药产业等提供技术咨询，实施6项中药材实用新技术的推广工作。每年开展培训和职业资格鉴定800人次以上。为省内及区内兄弟职业院校开展职教师资培训和专业课程建设指导50人次以上。

（六）积极开展校际合作和国际交流

进一步加强与东西部地区高职院校之间的校际合作。建设期内实现与河北化工医药职业技术学院、淄博职业学院、武汉职业技术学院、上海医药高等专科学校、重庆医药高等专科学校、常德职业技术学院、广州食品药品职业技术学院等院校对口专业的友好对接，开展专业教师的互访学习、经验交流、挂职锻炼等。

响应国家"一带一路"倡议，探索在东盟国家搭建"鲁班工坊"和铜仁职业技术学院药学院分院平台，服务中国企业走出国门，实现培养创新人才的目标。

积极探索国际合作渠道，努力促成与东盟国家高职院校对口专业之间的交流学习和职业教育学术活动等，接纳国外留学生1~3名到校学习，派出国外考察学习教师4名、交流学习学生6人以上。

（七）校企合作、产教融合，建设协同创新平台

与贵州大学营养生化研究所、江口梵净山云峰野生植物开发有限公司合作，对以江口梵净山为代表的武陵山片区丰富优质野生植物资源——藤茶进行开发研究，针对影响其产业化的关键技术进行攻关创新；以梵净山区极丰富的再生资源植物博落回、黄荆子、鸡矢藤等为研究对象，进行有效成分提取分离研究；针对目前影响中兽药现代化科技产业化发展的一些关键技术、核心技术、瓶颈技术进行联合科技攻关。搭建服务于全省中兽药产业可持续发展的公共科技创新与人才培养及成果转化平台，凝聚产业优势资源和科技创新团队，促进中兽药的研发和成果转化，为贵州大健康产业及纯天然中兽药产业可持续发展提供科技支撑，加快培育和发展中兽药产业成为贵州经济发展的战略性新兴产业。

（八）药品生产技术专业群建设

依托药品生产技术一流重点专业的建设，带动药品经营与管理专业、药品质量与安全专业的课程改革、师资队伍、实训条件等方面的建设和发展，将药品生产技术专业群打造成省级重点专业群。

1. 专业群课程建设

通过3年建设，完成专业群2门专业能力工学结合改革课程（《仪器分析技术》《GSP实务》）；建成院级精品课程1门，微课2门10个。

2. 专业群师资队伍建设

培养专业带头人 2 人,药事管理与法规、药品应用技术、药品分析与检测技术、微生物检测技术骨干教师各 1 名,双师型素质教师 4 名。具体情况见表 6-9。

表 6-9 专业群师资队伍建设情况表

序号	建设项目	建设目标	建设主要措施
1	专业带头人	培养 2 名	国内外进修学习、访问学者;主持市级以上科研项目;主持制定专业人才培养方案、专业规划发展、专业课程建设;参加专业有关的高峰论坛
2	骨干教师	培养 4 名	国内进修学习;主持课程的工学改革;参加学术交流;企业锻炼;参与市级以上科研项目
3	双师型素质教师	培养 4 名	考取职业资格证书;企业岗位培训、实践锻炼

3. 专业群实训条件建设

改建药品质量与安全专业的药品检测实训室、药品经营与管理专业的模拟药房实训室,新建两个专业共用的虚拟仿真实训室。具体建设情况见表 6-10。

表 6-10 专业群实训条件建设情况表

序号	实训室名称	建设性质	建设主要内容
1	药品检测实训室	改建	1. 室内地面、通风、水电装修,新增面积 100 平方米 2. 新购检测常规稳压器、色谱仪设备 10 台
2	模拟药房实训室	改建	1. 室内地面、通风、水电装修,新增面积 150 平方米 2. 新购仓储设施、药品柜、空调、煎药机、调药柜台等仪器设备 12 台(套)

三、康复治疗技术专业

(一)优化人才培养模式、创新育人机制建设

1. 引入行业(企业)标准

通过深入铜仁市及武陵山区康复与养老行业(企业)调研,全面了解临

床康复与养老服务行业的职业标准，理清临床康复的 PT（物理治疗）、OT（作业治疗）、ST（言语治疗）、TMT（传统康复）岗位与养老服务的康复保健岗位的工作内容与技术标准，找准两个产业的契合点，形成专业办学标准对接区域康复养老行业的职业标准、核心课程对接相关工作岗位技术标准，构建具有康复养老特色的人才培养标准。

2. 推行人才分层培养、着力培养杰出人才

1）组建具有分层分类特点的"康复治疗士班（培养技术技能型人才）、康复治疗师班（培养专升本人才）、康复创业班（培养康复创业人才）"。即学生完成第一学年的教学计划后，专业教师根据学生个人的未来发展规划、兴趣特点、学习成绩等因素，在充分尊重学生个人意愿的基础上，将学生编入相应班级，开展具有倾向性的学习，从而充分挖掘学生的优势特点，培养更多的合格人才。

2）全面推行"双导师制"。在教学中，根据班级特点，配备 1 名在技术技能、知识丰富、创业经历方面有优势的校内教师，1 名校外企业骨干、本科院校康复专业教师或康复创业成功人士，构建"校内外双导师"指导模式，全面参与学生的培养工作，切实形成技术技能型、知识储备型、创新创业型杰出人才分层培养机制。

3. 创新人才培养机制

（1）全面推行学分制教学模式改革

打破传统刚性学制的限制，建立"弹性"学制，完善以学分与绩点作为衡量学生学习质量。根据专业人才培养方案，依托学院信息化平台，结合学生自身学习基础、学习能力、学习时间、就业需求与兴趣方向等情况，开展校内自主选课。将创新创业、社会实践、竞赛活动获奖纳入学分管理，引导学生积极参与，切实提升综合应用能力的培养。

（2）创新产教融合机制，实现"双主体"育人

完善专业共建平台，充实和调整由行业、企业、学校共建共管的专业建设管理委员会，优化《专业建设管理委员会章程》《专业质量保证体系建设与运行方案》等制度。探索分区域设立校企合作联络点，拉近行业、企业与学

校的距离，打造行业发展动态与专业发展信息、行业专业资源互联互通、行业与专业发展紧密对接的无障碍通道，引导行业参与专业人才培养的全过程，促进校企深度融合，实现"人才共育、过程共管、资源共建、成果共享"的"双主体"育人机制。

（3）以协会为纽带，推进专业教育与专业实践活动的精准结合

依托专业领域的武陵科学技术协会，按照"文化养心·实践育人"理念，组织学生深入合作企业开展多种形式的社会实践活动，推进专业教育与专业实践活动的有机结合，搭建课堂教学与专业社会实践活动的无缝对接，切实提高学生理论联系实际的能力，丰富"学工对接、分段实施"的人才培养模式内涵。

4. 创新创业教育、关爱学生成长成才

1）开展专业创新创业课程、讲座，指导学生参加各级创新创业与职业规划大赛，撰写创业计划书；同时，鼓励学生加入武陵科学技术协会，依托协会开展形式多样的创新创业活动，并纳入学分管理，引导学生积极参加创新创业与实践活动。

2）鼓励学生申报学生创新创业科研项目，调动学生的主观能动性，引导学生积极思考与了解社会、政治、经济及科技发展动态，培养学生的创新创业意识，提升学生创新创业与实践的能力。

5. 质量保证及评价机制

1）建立新的人才培养质量评价体系，成立由学校（校内指导教师）、行业组织、企业（带教老师）、个人、家长、第三方评价机构组成的人才培养质量评价委员会，从人文素养、沟通能力、语言表达能力、职业素养、学生校内成绩、校外跟岗状况、学生成果等指标对学生进行客观的综合评价。

2）开发毕业生就业跟踪系统，及时获取毕业生就业率、专业对口率、企业满意度、毕业生个人发展情况等在内的专业人才培养质量指标，形成人才培养质量报告，为教学质量保证、人才培养方案优化提供修订依据。

3）建立专业办学方向及课程建设动态调整机制。根据医养结合产业工作岗位群需求及其发展，及时调整专业办学方向、开展课程建设，切实保证人

才培养的实用性、针对性、前瞻性。

6. 完善人才培养方案

通过行业、企业调研，毕业生跟踪调查，用人单位及实习单位调研，召集行业专家、企业一线骨干、专业带头人及专业教师召开专业建设研讨会，讨论专业人才培养标准及要求，参照康复治疗士考试标准，完善"学工对接、分段实施"人才培养模式，修订专业人才培养方案。

（1）人才培养模式内涵建设

完善"学工对接，分段实施"的人才培养模式。

1）学工对接。在课程设置过程中，严格按照 PT、OT、ST、TMT 四个康复核心工作岗位的典型工作任务及知识、技能与职业素质的需求情况，指导开设课程；同时，结合岗位工作内容，按照"梳理岗位工作过程的具体步骤→找准典型工作过程的参照系→设计课程单元"的程序，优化教学内容，构建基于康复岗位工作系统化的项目任务型课程体系；以"学校课堂、实训室（含校内开放性实训室、校企共建实训室）、校企合作医院康复科"为教学场景，做到教学过程与岗位工作过程深度融合。人才培养模式运行如图 6-1 所示。

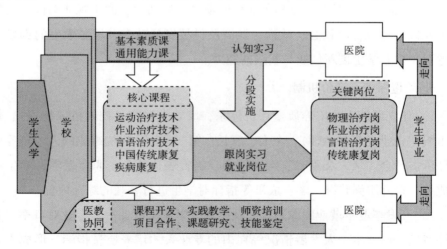

图 6-1 人才培养模式运行

2）分段实施。采用"2+1 模式"，即一、二年级在校开展相关课程学习，三年级赴相关校外实习基地开展"8+2"跟岗实习与顶岗实习模式。在前

"2"年的教学中,开展"学生基本素质与职业素养、行业通用知识与能力、岗位工作知识与技能"三方面相关内容的学习;在后"1"年的教学中,按照"8+2"的跟岗实习与顶岗实习相结合的模式开展,学生首先在三级以上的综合医院或二级以上的康复专科医院的康复相关岗位进行8个月的规范化跟岗实习;随后,根据学生未来的就业意愿与发展方向,学生可选择县级或县级以下的医院、医养结合服务点、养老机构开展2个月的顶岗实习。

(2)人才培养方案修订和调整

依托学院专业调研机制。专业教研室通过定期到相关企业、行业组织调研,举办毕业生座谈会等多种形式开展康复治疗人才需求调研,并依据调研结果,结合行业职业标准,由专业建设委员会分析职业岗位任务,确定专业人才的培养目标与规格,修订康复治疗技术专业人才培养方案。同时,根据每年毕业生、实习生跟踪调研,行业、企业调研等信息,及时调整人才培养方案,形成产业升级发展与人才培养方案的动态调整机制,其流程如图6-2所示。

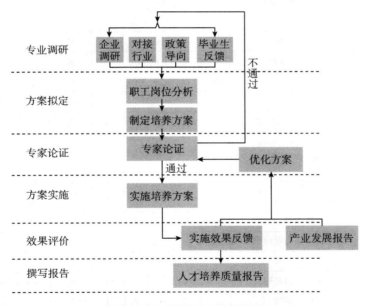

图6-2 人才培养方案制定流程

课程教学运行表是对专业人才培养工作的统筹安排,是指导各学期课程教学运行的基础(见人才培养方案部分内容),见表6-11。专业素质拓展与选修课一览表见表6-12。

表 6-11 课程教学运行表

学期	课程名称	授课教师组合	学分	学时分配			运行说明
				总学时	其中		
					讲授	实践	
第一学期	入学教育与军事训练	校内2人，企业2人	3	78	18	60	
	思想道德修养与法律基础	校内1人，企业1人	2	36	34	2	
	体育与健康	校内1人	4	26	4	22	
	大学生职业发展与就业指导	校内1人	0.5	10	10	0	
	素质教育课程	校内1人，企业1人	5	20	0	20	学生自主按标准参加
	大学生礼仪	校内2人	1.5	26	14	12	
	贵州省情	校内2人	0.5	10	10	0	
	大学英语	校内2人	4	26	14	12	
	人体解剖与组织胚胎学	校内2人，企业1人	6	91	68	23	
	生理学	校内2人，企业1人	2	36	32	4	
	中医学基础	校内2人，企业1人	3	52	48	4	
	康复治疗基础	校内2人，企业1人	3	52	48	4	
	生物化学	校内2人，企业1人	2	36	32	4	
	小计		36.5	499	332	167	
第二学期	体育与健康（太极拳）	校内1人	4	36	4	32	
	毛泽东思想与中国特色社会主义理论	校内1人	2	36	34	2	
	大学英语	校内2人	2	36	20	16	
	病理与病理生理学	校内2人，企业1人	3	54	50	4	
	药理学	校内2人，企业1人	2	36	32	4	
	病原微生物与免疫学	校内2人，企业1人	2	36	32	4	
	形式与政策	校内1人	0.5	10	10	0	
	计算机应用基础	校内1人	2	36	18	18	
	运动学基础	校内2人，企业2人	4	72	50	22	
	中国传统康复技术	校内3人，企业2人	6	108	28	80	
	康复评定技术	校内2人，企业2人	6	108	76	32	
	素质教育课程	校内1人，企业1人	5	30	0	30	
	暑假见习		4	60	0	60	

续表

学期	课程名称	授课教师组合	学分	学时分配			运行说明
				总学时	其中		
					讲授	实践	
	小计		42.5	658	354	304	
第三学期	运动治疗技术	校内2人,企业2人	6	108	50	58	
	作业治疗技术	校内2人,企业2人	5	90	54	36	
	言语治疗技术	校内1人,企业1人	2	36	30	6	
	物理因子治疗技术	校内1人,校外2人	2	36	30	6	
	康复心理	校内2人,企业1人	2	36	30	6	
	临床医学概要	校内1人,企业1人	6	108	90	18	
	素质教育课程	校内1人,企业1人	5	30	0	30	
	小计		28	444	284	160	
第四学期	肌肉骨骼病健康管理技术	校内2人,企业2人	4	72	48	24	
	神经病健康管理技术	校内2人,企业2人	3	48	40	8	
	老年病健康管理技术	校内2人,企业2人	3	54	44	10	
	康复综合实训	校内4人,企业2人	6	96	0	96	
	医患沟通	校内2人,企业2人	2	36	36	0	
	素质教育课程	校内1人,企业1人	5	20	0	20	
	小计		23	326	168	158	
第五、六学期	跟岗实习、顶岗实习	校内5人,企业20人	43	860	0	860	企业完成
	毕业综合考试	校内6人	2				
	职业技能鉴定	校内5人,企业5人	2	20	0	20	
	毕业教育	校内1人,企业1人	1	18	18	0	
	小计		48	898	18	880	
	合计		178	2 825	1 156	1 669	

表6-12 专业素质拓展与选修课一览表

序号	课程名称	学分	学时	开设学期
1	高等数学	2	36	第一学期
2	大学语文(含康复记录写作)	1.5	26	第一学期
3	全科医学导论	1	18	第三学期

续表

序号	课程名称	学分	学时	开设学期
4	医学影像	2	36	第三学期
5	康复工程	1.5	24	第四学期
6	社区康复	2	36	第四学期

（二）师资队伍及教学团队建设

1. 专业专任教师及其发展

康复治疗技术专业教师15名，专任教师中，市管专家1人，副高以上职称占42.20%，双师素质比例85%，具有1年以上行业工作经历教师占93.3%。通过建设，引进专业教师3~6名（含高层次人才2~3名），培养职教名师（技能大师）1~2人，新增专业带头人1~2名、骨干教师3~4名、双师素质教师5~8名，聘请兼职教师10~15名，打造2个教学团队。

2. 专业带头人

完善专业带头人遴选与培养办法，进一步明确工作职责、选拔标准等，提升现有专业带头人的科研能力与影响力，新培养1~2名专业带头人。

（1）专业带头人培养与引进参照标准

1）思想品德要求：具有良好的师德，注重教书育人，为人师表。

2）理论学识要求：理论功底深厚，掌握专业的前沿知识与技术。

3）组织能力要求：有5年以上的教学经历，担任过专业主任1年或课程负责人职务2年以上。

4）教学水平要求：教学效果评价达90分以上，在同行及学生中威望高、影响大。

5）实践能力要求：了解康复治疗技术动态，掌握国内专业政策及动态，熟悉专业现状及发展方向，具有指导临床康复工作的能力。

6）教学研究能力：主持并完成3项院级以上教育教学课题，并主持5次以上专题教学研讨会，指导青年教师3名以上。

7）技术应用能力：主持1项本专业方向的核心技术服务、横向或纵向科研课题。

（2）专业带头人培养措施

1）通过主持专业方向的教学改革课题研究、课程建设及实训基地建设，提高专业建设能力和业务水平。

2）通过加强校企共联建设，进一步密切校企合作关系，提高技术服务能力和组织协调校企合作的能力。

3）通过赴省内外知名康复医疗机构和国内外康复专业办学标杆院校进修学习，了解专业方向的国际技术应用前沿，掌握国内外康复行业先进的治疗技术及前沿知识，学习先进的办学理念和教育教学方法。

4）通过参与社会调研、考察学习等形式，学习先进的办学模式和办学理念，把握专业发展方向。

3. 骨干教师

完善骨干教师培养与管理办法，进一步明确工作职责、选拔标准等，提升现有骨干教师的综合能力；新培养3~4名专业骨干教师，优化不同类别专业教师年龄梯队，促进专业建设可持续健康发展。

（1）骨干教师培养参照标准

1）思想品德要求：具有良好的师德，注重教书育人，为人师表。

2）理论学识要求：掌握本专业基本理论、基本技术，了解所授课程的前沿知识与新技术。

3）组织能力要求：有独立承担一门以上岗位能力课程3届的教学经历，有参与课程开发或精品课程建设或实训基地建设管理或新技术培训的经历。

4）教学能力要求：具有独立完成的2门专业课程理论讲授和实践指导能力，教学效果好，同行与学生评价得分85分以上。

5）实践能力要求：具有1年以上的临床康复一线工作经历，具有独立指导学生实训、实习的能力。

6）教学研究能力：主持完成1项院级以上职业教育或专业教学改革课题，并主持2次以上教学研讨会。

7）技术应用能力：进行核心医疗技术的指导，承担1项以上的横向或纵向科研课题。

(2) 骨干教师培养措施

1) 在完成教学任务的基础上，根据骨干教师培养方向，安排教师到铜仁市及下属县级医院康复科实践锻炼。

2) 在专业带头人的带领下，通过主持或参与课程标准编制、优质岗位能力课程和精品课程建设、教材设计与编写，提高其教学水平和课程建设能力。

3) 通过对铜仁市及下属县级医院康复科的技术服务，提高培养对象的医疗技术水平与医疗技术服务能力，以及校企合作的协调能力。

4) 分期选派培养对象到兄弟院校和综合医院康复科、老年病医院、康复医院等康复机构锻炼学习，了解职业教育改革动态，掌握专业的最新理论与技术应用。通过参与校企合作和实训基地建设，增强教学改革意识和实践动手能力。

4. 双师素质教师

结合专业特点，完善双师素质教师认定与管理实施办法，强化教师的实践技能与技术应用能力，培养与引进双师素质教师 5~8 名，使双师素质教师比例达 95% 以上。

(1) 双师素质教师培养与引进参照标准

1) 思想品德要求：具有良好的师德，注重教书育人，为人师表。

2) 理论学识要求：掌握本专业基本理论、基本技术，了解所授课程的前沿知识与新技术。

3) 组织能力要求：承担 1 门以上岗位能力课程教学，能独立完成课程的理论与实践（含实训、见习、实习指导）教学任务，有参与课程或实训基地建设管理或新技术培训的经历。

4) 教学水平要求：教学效果评价达 90 分以上，在同行及学生（含实习生）中威望高、影响大。

5) 实践能力要求：具有一定教学与临床工作经历或具有康复治疗师、保健按摩师等相应等级的职业资格。

6) 教学研究能力：主持并完成 1 项院级以上教育教学项目，并主持 2 次以上专题教学研讨会。

7）技术应用能力：进行医疗技术的指导，承担1项以上的横向或纵向科研课题。

（2）双师素质教师培养措施

1）通过鼓励培养对象参加专业相关职业技能考评员考试，康复治疗师、执业医师等相关执业资格的考试，获取相应职业资格证书。

2）通过选派培养对象在寒暑假下到县级以上综合医院康复科、二级以上的康复专科医院及医养结合机构开展实践锻炼，提升专业技能水平。

3）通过组织培养对象积极参与实训基地建设与生产性实训项目开发与带教等实践活动，提升实践教学水平。

5. 兼职教师队伍建设

完善兼职教师聘任管理办法，依托学院校企合作理事会，落实学校与合作企业的互兼互聘制定，从合作的综合医院康复科、专科康复医院、医养结合等机构选聘行业专家、技术骨干10~15人担任兼职教师；同时，积极推行专业课"一课双师制"（即每门专业课配备1名校内教师与1名兼职教师），使专业课兼职教师授课学时比例达50%以上。

（1）兼职教师引进参照标准

1）思想品德要求：具有良好的医德，热衷教育事业。

2）理论学识要求：掌握本专业基本理论、基本技术；对岗位前沿知识与新技术理论体系有一定认识。

3）组织能力要求：在医院康复科担任科主任、治疗师长1年以上或治疗组长3年以上。

4）教学水平要求：已独立完成实习生带教10人以上，带教效果好。

5）实践能力要求：能熟练操作康复评定、治疗相关技术，并有较丰富的康复诊疗经验，且能将新技术应用于工作实际。

6）教学研究能力：有教学经历，了解教学基本环节，并主持开展了10次以上健康宣讲、讲座与研讨等教学相关活动。

7）技术应用能力：能够灵活地将各项康复技术应用于不同疾病，且能取得较好的康复效果，承担1项以上的自然科学类科研课题。

(2) 兼职教师聘任与管理措施

1) 进一步完善兼职教师管理办法，健全兼职教师聘用标准，提高兼职教师授课待遇，从政府、学院、医院多层面为兼职教师到校承担教学任务创造良好环境，使行业专家、技术骨干到校授课。

2) 建立兼职教师人才库，为聘用提供平台。依托校企合作理事会，搜集康复治疗专家、技术能手的有关信息，并建立良好的关系，选聘进入学院兼职教师人才库。

3) 加强培训与交流，提升兼职教师的教学能力。通过多种形式对兼职教师进行岗前培训、岗上互学，建立专兼职教师互动交流平台。专业教研室可定期组织专兼职教师的教学经验交流会、茶研会、联谊活动和相互听课等，增强兼职教师主人翁意识，提高其教学胜任力。

6. 教师企业行业实践能力提升

依托校企共同参与的专业建设管理委员会，以合作企业（单位）为主要平台，通过完善《康复治疗技术专业教师联系企业制度》《康复治疗技术专业教师下企业管理制度》等，形成"1名教师联系1个企业、1名教师1年不少于1个月"的常规机制；同时，将教师联系企业、教师下企业作为职称评聘、评先选优、外出学习等教师个人提升与评奖挂钩，并形成具体考核办法。

7. 教学团队建设

按照"现代康复"与"传统康复"两条主线，通过科学规划，引进专业教师，培养双师、骨干教师、专业带头人，引进外聘教师，打造职教名师与技能大师等方式，积极打造省内领先的"中国传统康复教学团队"与院级特色的"现代康复教学团队"，切实提升团队综合实力。

（三）课程建设

按照国家康复治疗士职业资格考试标准的要求，通过对铜仁市人民医院，铜仁市康复医院，铜仁市、县各大医养结合服务点等综合医院康复科、养老院与医养结合服务点的PT、OT、ST、TMT岗位进行调研，依据典型工作任务，分析职业岗位所需的素养、知识、能力，形成学习任务，见表6-13。

表 6-13 康复职业岗位、典型工作任务及学习领域

职业岗位	职业资格	工作任务（职业岗位要求）		学习任务（专业知识、技能和素质要求）
PT	康复治疗士	典型工作任务	1. 常见肌肉骨骼疾病的功能评定与物理康复训练 2. 常见神经疾病的功能评定与物理康复训练 3. 常见老年病的功能评定与物理康复训练 4. 常见心肺与代谢疾病的功能评定与物理康复训练	1. 专业知识： ①关节运动与神经解剖的基本知识 ②运动生物力学的相关知识 ③运动生理学相关知识 ④运动生物化学相关知识 ⑤神经促通相关知识 2. 专业技能： ①掌握人体形态的测量与物理治疗相关功能的评估技能 ②掌握关节活动技术、关节松动技术、肌力训练技术、关节牵伸技术与关节牵引技术等关节活动技术的训练技能 ③掌握平衡与协调训练、呼吸训练技术、有氧运动技术的训练技能 ④掌握 Bobath 技术、Brunnstrom 技术、PNF 技术 ⑤熟悉 Rood 技术与运动再学习技术 3. 素质要求： ①具有"爱心助残，救死扶伤"的职业意识，养成良好的职业道德 ②养成严谨求实、爱岗敬业、服从安排、踏实低调的工作态度 ③具备较强的人际交往、医患沟通、团队协作的能力
		工作能力	1. 能够为功能障碍患者完成关节活动度的评定与训练能力 2. 能够为功能障碍患者完成肌力的评定与训练能力 3. 能够为功能障碍患者完成平衡能力的评定与训练能力 4. 能够为功能障碍患者完成协调能力的评定与训练能力 5. 能够为功能障碍患者完成心肺功能的评定与训练能力 6. 能够为功能障碍患者完成 Bobath 技术等神经促通技术应用能力	
		设备使用操作能力	1. 角度尺等关节活动度评定设备的使用 2. 多段位 PT 治疗床等基础训练设备的使用 3. 股四头肌训练椅等肌力训练设备的使用 4. 肩关节回旋训练器等关节活动度训练设备的使用 5. 减重步态训练器等步态训练设备的使用	
		工作态度	遵纪守时，服从安排，对所接受的工作认真负责，严格按规范操作，工作有条理，积极与患者沟通交流	

续表

职业岗位	职业资格	工作任务（职业岗位要求）		学习任务（专业知识、技能和素质要求）
OT	康复治疗士	典型工作任务	1. 常见肌肉骨骼疾病的功能评定与作业训练 2. 常见神经疾病的功能评定与作业训练 3. 常见老年病的功能评定与作业训练	1. 专业知识： ①关节运动与神经解剖的基本知识 ②运动生物力学的相关知识 ③日常生活活动方式与规律 ④行走的基本方式与特点 ⑤辅助器具的类别与适用原则 2. 专业技能： ①掌握手功能、认知功能、职业能力等 ADL 相关功能的评估技能 ②掌握日常生活活动训练、治疗性作业活动、手功能康复、认知与知觉障碍康复、压力治疗等训练技能 ③掌握轮椅、拐杖（手、肘、腋）、助行器等辅助具与功能替代技术的应用 ④熟悉相关职业康复技能 3. 素质要求： ①具有"爱心助残，救死扶伤"的职业意识，养成良好的职业道德 ②养成严谨求实、爱岗敬业、服从安排、踏实低调的工作态度 ③具备较强的人际交往、医患沟通、团队协作的能力
		工作能力	1. 能够为功能障碍患者完成 ADL 的评定与训练能力 2. 能够为功能障碍患者完成步行、转移功能的评定与训练能力 3. 能够为功能障碍患者完成认知、感觉相关功能的评定与训练能力 4. 能够指导功能障碍患者选择辅助器具，并指导其完成训练的能力 5. 能够结合日常生活与职业需要，指导患者提升日常生活与职业工作的能力	
		设备使用操作能力	1. 角度尺等关节活动度评定设备的使用 2. 多段位治疗床、OT 桌等基础训练设备的使用 3. 木插板、手功能训练组件等手功能训练设备的使用 4. 图形拼版等认知训练设备的使用 5. 轮椅、拾物夹等辅助具的使用	
		工作态度	遵纪守时，服从安排，对所接受的工作认真负责，严格按规范操作，工作有条理，积极与患者沟通交流	

续表

职业岗位	职业资格	工作任务（职业岗位要求）		学习任务（专业知识、技能和素质要求）
ST	康复治疗士	典型工作任务	1. 偏瘫患者言语功能评定与训练 2. 脑瘫患者言语功能评定与训练 3. 脑损伤者言语功能评定与训练 4. 器官发育异常患者的言语功能评定与训练	1. 专业知识： ①人体发声器官与喉部的基本解剖知识 ②声音的产生过程与机制 ③神经发育与发声的关系 ④神经控制对发声的影响 2. 专业技能： ①掌握发音器官、言语功能、认知理解等功能评估技能 ②掌握听理解训练、阅读训练、书写训练、计算训练等失语症训练技能 ③掌握构音器官训练、发音训练、吞咽障碍训练技能 ④熟悉耳聋与口吃训练技能 3. 素质要求： ①具有"爱心助残，救死扶伤"的职业意识，养成良好的职业道德 ②养成严谨求实、爱岗敬业、服从安排、踏实低调的工作态度 ③具备较强的人际交往、医患沟通、团队协作的能力
		工作能力	1. 能够为各种疾病所致的失语症患者开展言语功能评定与训练 2. 能够为各种疾病所致的吞咽障碍患者开展言语功能评定与训练 3. 能够为构音器官发育不全或异常的患者开展言语功能评定与训练	
		设备使用操作能力	1. 言语训练卡片等基础设备的使用 2. 吞咽治疗仪的使用	
		工作态度	遵纪守时，服从安排，对所接受的工作认真负责，严格按规范操作，工作有条理，积极与患者沟通交流	

续表

职业岗位	职业资格	工作任务（职业岗位要求）		学习任务（专业知识、技能和素质要求）
TMT	康复治疗士	典型工作任务	1. 常见肌肉骨骼疾病的功能评定与传统康复治疗 2. 常见神经疾病的功能评定与传统康复治疗 3. 常见老年病的功能评定与传统康复治疗 4. 常见心肺与代谢疾病的功能评定与传统康复治疗 5. 常见小儿疾病的功能评定与传统康复治疗	1. 专业知识： ①人体九大系统的基本结构、功能特点 ②人体经络走行规律、特点与腧穴定位要点 ③推拿、拔罐、刮痧治疗的操作特点与基本要求 ④太极拳等传统保健体操的特点 2. 专业技能： ①掌握各器官功能障碍、肢体功能与疾病的评估技能 ②掌握针刺、行针、拔针技能与滞针、晕针等异常情况的处理技能 ③掌握拔罐、走罐技能与烫伤及其他异常情况的处理技能 ④掌握灸柱的制作与艾灸的使用技能 ⑤掌握电针的使用技能 3. 素质要求： ①具有"爱心助残，救死扶伤"的职业意识，养成良好的职业道德 ②养成严谨求实、爱岗敬业、服从安排、踏实低调的工作态度 ③具备较强的人际交往、医患沟通、团队协作的能力
		工作能力	1. 能够为常见肌肉骨骼疾病、神经疾病、常见老年病等疾病开展临床针灸、艾灸及电针治疗 2. 能够为常见肌肉骨骼疾病、神经疾病、小儿疾病等开展推拿治疗 3. 能够为常见肌肉骨骼疾病、神经疾病、小儿疾病等开展拔罐、刮痧治疗 4. 能够指导老年人运用传统技术开展保健及疾病预防	
		设备使用操作能力	1. 各种型号、规格的针灸针、刮痧板、火罐等常用设备的使用 2. 电针仪的使用	
		工作态度	遵纪守时，服从安排，对所接受的工作认真负责，严格按规范操作，工作有条理，积极与患者沟通交流	

1. 对专业理论课程体系的构建

1）基本素质课程。针对康复治疗技术专业学生应具备的基本素质的需要，设置《毛泽东思想与中国特色社会主义理论体系》《体育与健康》《计算机应用基础》《基础英语》《创业思维与训练》等基本素质课程，并组织就业指导、职业生涯规划大赛等活动，提升学生的思想道德素质和身心健康，培养学生的学习能力、写作能力、交际能力、创新能力。

2）通用能力课程。针对 PT、OT、ST、TMT 等岗位对知识的基本要求与康复治疗士资格考试大纲的要求，优化《人体解剖与组织胚胎学》《生理学》等行业通用能力课程，培养学生掌握康复行业的通用能力。

3）专业岗位方向课程。针对 PT、OT、ST、TMT 等岗位对知识和技能的要求，结合区域内医养结合产业的发展需求，优化《康复评定技术》《运动治疗技术》《作业治疗技术》《言语治疗技术》等专业岗位方向课程。

4）拓展课程。为适应学生基层工作需要和应对日益紧张的医患关系，提升学生的就业竞争力与医患沟通能力，特加入了《全科医学导论》《医患沟通》《康复心理》等拓展课程。

5）专业选修课程。针对学生对个性化课程中与专升本考试等岗位延伸发展的需要，根据学生"必修+选修"的学分制要求，开发《医学影像学》《康复工程》《社区康复》等选修课程，学生可根据自己的兴趣爱好，选修 3 门以上课程。

2. 对专业实践课程体系的构建

1）专业活动课程。针对康复岗位所需要的职业素养，将社会实践、公益劳动、成长日记活动课程按学期分阶段实施，培养学生的动手能力、写作能力、合作能力和创业意识，用《康复治疗专业学生素质计分手册》进行量化；1~3 学期分别举办大学生行为规范与礼仪、专业知识竞赛、专业技能竞赛和职业生涯规划大赛 4 个大型活动，培养学生的交际能力、表达能力、创业能力和人文专业素质。在《专业知识竞赛》设计中，严格按照岗位技能学习所需及康复治疗士的基础知识与专业知识考试大纲设置竞赛题目，并要求学生自由组合以团队形式组织开展比赛。在《专业技能竞赛》设计中，按照 PT、

OT、ST、TMT 等岗位工作过程，结合国家康复技能竞赛方式，选取临床常见的肌肉骨骼疾病、神经疾病、老年病的典型病例，按照"交谈了解病史、评定确定功能障碍情况、选取针对性技术开展康复"三个环节开展比赛，学生以个人形式进行参赛，人人参与，比赛成绩直接计入学生《综合实训》课程的最终成绩。同时，选取优秀选手代表学院参加医学院专业技能展示与院外各级康复专业技能竞赛。

2）建立 2+1 与 1+n 的实习、见习模式。严格按照一、二年级在校开展相关课程学习，三年级赴相关校外实习基地开展实习与顶岗实习的 2+1 模式。在两年的校内学习中，为让学生们适应工作岗位基本程序，提升个人对岗位的认知，在二年级专业课学习前，组织学生在暑期赴相关医院康复科开展认知见习 2 周；在专业课学习中，根据课程教学计划安排，不定期组织学生进入校企合作单位开展临床见习的 1+n 模式。在一年的实习与顶岗实习中，根据学生的个人意愿，分别安排到三级以上综合医院、二级以上的康复医院与县级以下医院、医养结合服务点、养老院开展 43 周的跟岗实习与顶岗实习。其中，跟岗实习时间：PT 岗位 11 周、OT 岗位 8 周、ST 岗位 8 周、TMT 岗位 8 周；顶岗实习时间：均为 8 周。

3）毕业技能鉴定。贯彻国家关于职业院校"毕业证书+技能证书"的双证书制度，根据康复岗位的工作实际，结合国家职业工种的设置情况，在毕业前邀请贵州省第三十五国家职业技能鉴定所为学生组织开展"高级保健按摩师"等职业工种的鉴定。

3. 精品在线课程建设

按照"课程资源精品，课程资源开放，支持线上学习"的基本思路，通过在铜仁职业技术学院精品资源共享平台下建立《运动治疗技术》《基础医学概要》课程学习平台，并完善各课程平台下课程标准、授课计划、学习指南、教学视频、教学课件、电子教案、教学图片等教学资源与考核题库、考核标准、互动交流等考核资源，满足学生课后线上自主学习的要求，打造精品在线课程 2 门。

4. 优质课程建设

在《中国传统康复技术》院级精品课程、优质课，《运动治疗技术》《康复评定技术》《作业治疗技术》三门工学结合改革课的建设基础上，按照 PT、OT、TMT 岗位的工作内容与程序，以"工作过程系统化"的改革理念为主线，以岗位操作项目或者功能障碍类型为载体，通过科学设计课程情境，制定课程建设方案，完善课程信息化教学资源，提升课程信息化教学水平。力争 1~2 门达到省级或省级以上优质课程水平，2~3 门成为院级优质课程。

5. 特色课程建设

根据铜仁市医养结合示范市建设发展的需要，结合区域内康复与养老行业的发展状况与学院"康复治疗专业群"的建设理念，通过围绕康复养老最常见的"老年疾病、肌肉骨骼疾病、神经疾病"三类疾病的病谱，按照"疾病基本知识+治疗+护理+康复治疗"的基本框架，并融入医养全过程的课程建设思路，开展《老年病健康管理技术》《肌肉骨骼病健康管理技术》《神经病健康管理技术》三门课程开发方案的撰写、教学单元的设计与课程相关教学资源的制定，切实将三门课程打造成具有铜仁市医养结合产业发展特点、教学过程与医养结合工作主线无缝对接的地方特色课程。

6. 微课建设

通过组织教师参加微课制作要点与技巧相关知识学习，积极开展"微课制作"相关的教研活动，组织教师录制微课视频参加微课比赛，以此提高教师对微课的认知度，提升教师的微课制作能力。同时，通过各课程组分析课程的核心知识技能要点，选择微课主题，制作微课视频，为学生更好地开展课前预习、课后巩固学习打下基础，切实服务教学。建设期内，力争制作微课视频 50 个，做到"岗位课章章有微课，专业基础课科科有微课"，使微课视频课程覆盖率达 100%；遴选 2~3 个优质微课视频参加学院微课比赛；1~2 个微课视频参加省级以上微课比赛。

7. 教学资源库建设

在精品在线课程、优质课、特色课与微课建设的基础上，通过整合与完善各专业基础课与专业课程的教学课件、教案、教学视频（含微课）、典型案例、试题集等教学资源，力争制作教学资源 800~1 000 条，建成课程信息资源包12~15个;同时,依托铜仁职业技术学院网络信息平台,建立"康复治疗技术专业教学资源库",及时完成课程资源的上传与更新。

8. 教材建设

按照"自主开发与合作开合"相结合的基本思路,积极组织各岗位核心课程组教师,根据各课程建设特点与基本思路,开发具有专业特色的、基于工作过程系统化的特色校本教材;同时,依托北京大学医学出版社、华中科技大学出版社等国家级出版单位,牵头开发康复专业类教材。建设期内,编写《老年病健康管理技术》校本教材3~4部,其中出版《中国传统康复技术》等教材1~2部,并力争使该教材达到全国康复治疗类应用技能型人才培养"十三五"规划教材要求或申报国家级规划教材。

(四)实验实训基地建设

1. 校内实训基地建设

(1) 医学基础实训中心

在现有解剖实训室、生理药理实训室、病理实训室等医学基础实训室的基础上,根据康复治疗技术专业医学基础课程的开设情况,结合实训项目的设置与开展情况,按照"必须、够用"的基本原则,以60人同时开展实训的标准完善相应的实训设备。建设期内,拟补充购置人体全身骨骼与肌肉起止点标本等216件设备,并按照医学基础实训室建设的国家相关标准完成实训室内部的环境改造。

(2) 康复实训中心

在现有附属医院的基础上,根据专业课程的实训特点,按照医养结合机构的工作岗位流程与开展情况,按照老年病区、神经精神病区、骨与关节疾病区等六个功能区进行资源规划和建设,完善相配套的管理和运行机制,并按照60人同时开展实训的标准配足、配齐、配优康复专业实践实训设备,满足专业基础性实训、生产性实训等人才培养的需要。

建成与现代企业生产服务情境相接近的实训环境,打造与现代企业文化相对接的实训文化,加强实训教学中的职业素质与工匠精神的培养,保证学生实训与企业生产相结合、实习产品与市场需求相对接,实现消耗性实训向生产性实训转变,提升实训设备资源的经济效益与社会效益。

建设期内,拟扩建实训面积210平方米,增加实训室4间,补充实训设备426件,新增实训项目21个。将基地建设成为适应康复岗位工作技术、技能大赛和创新创业大赛的要求,集教学、临床、培训、鉴定等为一体的开放性实训基地。

(3) 校内实训基地运行管理

通过完善专业实践教学管理细则和专业校内实训基地运行管理办法,严格实训项目管理,实行项目任务训练的指导教师责任制,保证学生项目任务的完成质量;加强校内实训基地的设备、安全、卫生等管理,确保实训教学正常进行;积极开展职业技能鉴定、技术与岗位培训和对外技术服务,提高实训基地利用率。进一步完善"教师指导,学生管理"的开放式管理模式,对校内实训基地实行按病种分类,学生全程参与一个治疗周期的目标责任管理,由医学院与学生签订目标责任管理协议,提供管理所需的材料、仪器、设备,教师进行技术指导,学生按照协议负责具体实施操作。实现校内实训基地的开放教学、开发创新。

2. 校外实训基地建设

与教学实习医院紧密合作,全面推行2+1与1+n的校内实训+认知实习+跟岗实习的实践教学体系,建立并完善专业教师联系企业制度、专业实践教学标准、专业顶岗(跟岗)实习管理办法等实践教学管理制度,使学生在校外实训基地开展的实践教学中做到有标准、有企业、有岗位、有带教老师、有考核,保证实习效果,实现校外实习基地的共管、共享,切实形成实践教学的完善校外实践教学的质量监控体系。同时,为保证校外实践教学的顺利开展,拟开辟2~4个三级以上的综合医院作为学生跟岗与顶岗实习基地,使跟岗与顶岗实习基地达30个以上;在全市范围内,遴选10~15个县乡医养结合试点医院、医养结合服务店、养老院作为学生顶岗实习与认知实习基地;同时,加强与铜仁市人民医院、贵州省肢体康复医院、铜仁市袁家寺骨科医院的合作,切实将它们建设成为紧密型校企合作单位。

（五）科研及社会服务能力建设

1. 科研规划及项目研究

在学院教师科研规划的基础上，结合专业实际，拟定《康复治疗技术专业教师科研三年行动计划（2017—2019年）》，制定《康复治疗技术专业教师科研管理办法》等制度，建立科研激励机制。鼓励副高职称以上的教师，根据个人的研究方向，邀请教研室青年教师、高年级学生组建科研团队，以此带动青年教师与学生参与科学研究，提升教师与学生的整体科研水平。

建设期内，力争申报课题20项，立项不少于15项，形成科研成果10项，教师的科研参与率达100%。

2. 社会服务能力

（1）实用技术推广及技术帮扶

根据专业师资现状，结合教师的发展特长，成立由康复与养老服务教师及专业高年级学生组成的技术服务小组，结合服务小组的特长与帮扶机构的发展需求，确定"1对1"的定点服务对象，服务小组利用课余时间、假期入驻服务机构或利用互联网等现代技术手段和服务机构保持联系，参与到机构的业务工作中，帮助解决临床康复项目的开展、新技术应用及内设机构建设等问题，切实改善帮扶对象的技术水平。建设期内，完成3~5个县乡医养结合机构、养老院及乡镇卫生院的帮扶工作。

（2）实用技术培训与职业技能鉴定

1）充分利用本专业的师资、实训室、实训基地，发挥专业教师的技术优势，针对县乡医养结合机构、养老院及乡镇卫生院等机构的康复与养老专业技术人员，开展医养结合产业发展培训班、康复与养老技术培训班、传统与现代养生实用技能培训。

2）依托贵州省第三十五国家职业技能鉴定所，免费面向铜仁市康复与养老机构的专业技术人员开展保健按摩师、假肢制作与装配、矫形器制作与装配、医疗救护员等职业工种的培训与鉴定。

3）联合贵州省肢体康复医院、贵阳市第三人民医院（老年病专科医院）等高水平康复与养老机构，积极申请贵州省大健康产业发展与铜仁市委医养结合产业发展的重大研究项目及铜仁市科技局下发的关于康复治疗与养老产业技术研发项目，切实提升研究成果的质量。

举办培训班3期，完成120~150人次培训；完成保健按摩师等职业工种的技能培训与鉴定300~500人次；承担1~2个铜仁市医养结合产业发展与康复核心技术等相关项目的开发与研究。

（3）协办康复医疗或教育协会

为加强铜仁市康复与养老行业的机构建设、提升技术水平与整体服务水平、切实推进医养结合产业的发展，通过与贵州省康复医学会、铜仁市医学会等行业协会共同申请，通过与贵州省肢体康复医院、铜仁市人民医院、宁波卫生职业学院合作，协助或领办铜仁市康复医疗或教育协会，定期开展相关学术交流活动，扩宽服务半径。

（六）国际交流与合作

1）在现有留学生教育的基础上，为充分发挥中国传统康复技术的优势，同时学习现代康复技术的先进理念，按照"走出去、引进来"与"请进来、输出去"相结合的基本思路，通过第三方机构与国（境）外同类院校建立合作关系，利用骨干教师交流学习、学生短期交换学习与合作组建联合培养示范班等形式，建立师生双向流动机制，逐步扩宽国际化办学的路径。让走出去的师生引入国（境）外现代康复的先进技术与理念，服务教学；同时，让请进来的国（境）外师生，学习原汁原味的中国传统康复技术与理念，并将中国传统康复文化向世界传播。建设期内，力争与国（境）外1所医学院校建立合作关系，2~4名专业骨干教师或管理人员交流互换学习，接受外国留学生与短期交换生20~30人。

2）通过聘请或引进国（境）外高层次人才指导专业建设、学术交流，不断优化队伍结构，打造数量合理、结构优化、具有国际视野的专业教学团队。建设期内，力争聘请国（境）外本专业高层次人才1~2人指导专业建设、学术交流。

（七）辐射带动与专业群建设

1. 辐射带动作用

按照"带动区域产业发展、带动省内同类院校康复专业发展、带动校内其他专业共同发展"的基本思路，通过医养结合产业发展需要人才的输送、人才培养理念与改革思路、方法的传送、优势资源的共享等措施，切实服务铜仁医养结合产业发展，带动贵州省省内同类专业与校内其他专业的共同发展。建设期内，力争培养医养结合产业合格人才300人，带动贵州省乃至整个武陵山区1个同类专业发展，带动校内2~3个专业共同发展，并成为院级重点专业。

2. 专业群建设

按照"康复治疗专业群"建设要求，结合铜仁市医养结合产业的发展需要，积极发挥专业群核心专业作用，切实推动专业群建设。具体做法包括：①通过牵头带领群内的临床医学、护理专业，推进《人体解剖与组织胚胎学》等6门通识课程建设与《肌肉骨骼病健康管理技术》等3门平台课程开发，打造"6+X+3"的专业课构架。②以优化升级康复治疗技术专业实训基地为契机，积极推进专业群共享实训基地建设。③以"中国传统康复教学团队"与"现代康复教学团队"的打造为基础，带动其他专业开展教学团队建设。

建设期内，力争完成通识与平台课程教学资料9份，开发平台课程教材3部，建成专业群共享实训基地1个，带动专业群其他专业打造教学团队1~2个。

四、汽车运用与维修技术专业

（一）优化人才培养模式、创新育人机制建设

1. 引入行业（企业）标准

将汽车运用与维修行业、企业的生产维修标准引入专业建设和课堂教学，制定课程教学标准，指导和规范课程建设、教材建设、实验实训基地建设、

教师授课、学生专业知识学习和技能训练，实现职业教育教学专业与产业、企业、岗位对接；专业课程内容与职业标准对接；教学过程与生产过程对接；学历证书与职业资格对接；职业教育与终身学习对接的"五个对接"。

通过与武汉雄楚爱才教育科技有限公司合作，探索制定"优势互补、资源共享、校企共赢"的校企合作机制，引入行业职业资格鉴定标准、中高端丰田企业汽车维修工考核标准、高端宝马企业汽车维修工考核标准，完善职业资格证的考核、管理。

2. 推行人才分层培养、着力培养杰出人才

（1）实施分层教学

通过分析调查生源类型、兴趣爱好等情况，实施学生分层教学，根据各层次学生的知识、能力和职业倾向，把学生科学地分为初级班和高级班，制定不同班级的人才培养方案、课程教学标准、人才评价标准，通过三年的专业知识学习和技能训练，成为高素质、高技能汽车运用与维修专业人才。

（2）分级职业能力标准与课程体系构建

经过岗位能力分解，形成职业能力单元，对职业能力单元组合形成专业课程体系。将汽车电子与智能控制、汽车电子产品、汽车检测与维修等作为创新训练项目，培养学生创新创业能力。

研发体现终身教育理念、中高职连贯培养的专业教学标准和课程标准。与学院集团学校下属的10个区县中职学校实施3+2分段人才培养，学生经过系统培养，达到高职学段的职业能力标准后，可选择就业或继续深造。

（3）实施项目教学法，培养创新型高素质、高技能人才

如通用能力课程《汽车电工电子技术》，在老师的指导下，将相对独立的项目交由学生设计、实施及最终评价，制作成为微课，借以训练汽车电子技术的基本能力。在专业核心课程中，将实际项目中的组件或测试单元等改造成教学情境，采用项目驱动、案例教学、翻转课堂，在全部专业课程中融入创新思维、创新方法和创新能力的培养。

（4）实施专业课程小班双师教师教学

选择校外高水平兼职教师共同任教，实行"双师教师"试点。在《发动

机电控技术》《汽车电子产品创新训练项目》《汽车自动变速器》等创新课程中实施小班双师教师教学，教师选择汽车检测与维修中有一定挑战性的真实子项目，提供对应的技术要求、测试规范、验收标准，运用启发式、探究式、讨论式、参与式教学，提倡翻转课堂和混合式课堂教学改革，引导学生自学相关知识，完成方案设计、原型开发、产品安装调试和性能检验，提交相应的文档。实施第三方评估，由企业兼职教师负责学生项目的审核和验收。

（5）卓越技术技能人才培养

在项目进课堂的具体实践中，要求学生的专业基本能力必须达标，对尚有余力的拔尖学生，通过项目组长等形式发挥带头作用，通过专业选修课培养工程实践能力。

（6）项目的持续更新与改进

对项目全程实行 PDCA（计划、执行、检查、行动）质量监控与改进，定期进行筛选和评估，不断改进和优化项目内容。以教师为主导，学生以老带新组成研究团队，实现项目的持续更新和传承。

（7）应用现代信息技术改造传统教学

运用微课、翻转课堂和混合式课堂教学，促进移动优先的个性化学习方式的普及。

（8）培育重大理论研究成果

结合教育教学改革，开展理论研究，积极参加省和国家级教学成果奖的申报并力争获奖，充分发挥专业引领作用。

3. 创新人才培养机制

（1）探索汽车大类招生

依托合作企业以汽车运用与维修技术专业为主整合相关专业组建专业群，探索大类招生。专业基础课有《汽车构造》《汽车电工电子技术》《汽车电器实训》等。此外，允许学生跨专业、跨学院选修课程。在选修课的设置上，不同的课程有不同的权重，对学生未来就业质量最密切相关的课程设置较大的权重。

(2) 试行导师制,指导学生定制学习计划

入学教育阶段就为学生配备一名学业导师负责专业答疑解惑,对学生学习、职业规划、就业等进行指导。在第一学期为学生选课提供指导和建议,制定个性化的学习计划。第二学期结束前,学生要最终确定专业方向和选修课选课计划,形成个性化培养方案。

(3) 选修课开设与选课

鼓励教师开设选修课,为全校其他专业开出5门以上的选修课,其中《汽车维护与保养》《二手车鉴定与评估》等面向工学院其他专业,《汽车电子产品大全》《汽车文化》等面向全校其他专业。

(4) 探索产学研结合的人才培养模式改革

引导学生结合生产,参与到教师科研工作中,或在教师的指导下独立开展科学研究,推进产学研结合,实现创新型高技术技能人才培养、科研和社会服务的有机融合,提升专业科研和社会服务能力,为贵州区域经济发展提供技术和人才保障。

4. 创新创业教育、关爱学生成长成才

(1) 建立创新创业教育的多方联动机制

建立报告联动机制,发挥行业办学优势,充分利用行业和第三方研究机构的人才供需报告。建立专业预警和退出管理机制,实施需求导向的专业结构和创业就业导向的人才培养规格调整。建立符合学院实际的创新创业激励机制,设立创新创业奖学金,开展创新创业分类培养,启动创新创业优先培养计划。

(2) 把创新创业教育融入人才培养全过程

以教育部高职专业教学标准为基础,将创新精神、创业意识和创新创业能力作为评价人才培养质量的重要指标,使其融入专业教学质量标准和人才培养方案,贯穿人才培养全过程。根据学院人才培养定位和创新创业教育目标的要求,以骨干专业为重点,调整、优化专业课程设置,开发创新创业教育专门课程(群),各专业有至少6门课程融入创新创业内容。在基于工作过程的项目化教学中,使专业知识与创新创业教育有机融合。

（3）搭建创新创业实践服务平台

搭建跨系、跨专业交叉培养、融合培养的创新创业人才服务平台，培养一支多行业组成的创新创业师资队伍，促进人才培养由单一技能型向多技能融合型转变。整合校内资源，建设大学生创业孵化基地和小微企业创业基地，建立院内生产性实训基地、虚拟仿真实训中心、实验实训室面向在校学生开放的制度。借力行业资源，以校外实训基地为基础，探索建立大学生创业平台。

（4）学生成长与发展

开展以赛促教和以赛促学，激发学生的学习热情。在课堂教学中引入竞赛机制，在《汽车电工电子技术》等4门课程中通过专项技能竞赛，开展与汽车电子技术和汽车检测相关的第二课堂活动。组织学生参加国家、省、市级汽车专业职业技能大赛。以6S管理为核心，使学生参与实训室维护和管理。开展职业资格培训与鉴定，毕业生高级工证书获取率达100%。同时，通过扎实的专业知识学习，培养学生具备终身学习的能力。

5. 质量保证及评价机制

依据高素质技能型专门人才成长成才规律，明确各主要教学环节的质量标准，规范教师的教学行为，在《铜仁职院教学督导委员会工作条例》《铜仁职院教师教学质量评估办法（试行）》《铜仁职院教学事故认定及处理办法》等制度的基础上，制订专业质量保证措施，实现专业教学质量管理的经常化、规范化，推进校企共育人才的有序进行。

1) 建立人才培养质量评价体系。建立由学校（校内指导教师）、行业组织、企业（带教老师）、学生、家长、第三方评价机构组成的人才培养质量评价委员会。从人文素养、沟通能力、语言表达能力、职业素养、学生校内成绩、校外跟岗状况、学生成果等指标对学生进行客观的综合评价。

2) 建立教学质量保证措施，如班级教学信息员制度、顶岗实习跟踪、教学质量监控方案、教师教学工作考核表等，并将职业能力标准分解到课程和项目教学中。制订职业能力评估标准，以信息化为依托，在教学过程各环节实施PDCA循环，从被动的事后检查评估转变为教学过程中主动进行的即时反馈与改进。第三方评估作为 PDCA 中的一个环节，不断积累与更新教学内容和教学方法。

3）建立专业自我诊断与改进机制，每年开展在校生学习成果评价和毕业生跟踪调查，形成在校生学习成果评价报告、毕业生跟踪调查报告、专业自我诊断与改进报告等，制定改进措施并落实。

6. 完善人才培养方案

组建专业建设指导委员会，成员由行业专家、企业技术骨干、专业带头人、专业骨干教师等组成；每年定期开展专业建设指导委员会会议，对专业人才培养方案、专业发展方向、专业课程改革、实训基地建设、师资建设等进行指导和顶层设计。同时，专业教研室也会对每年的毕业生、实习生进行跟踪了解，定期到相关汽车企业、汽车行业组织调研等，根据信息及时调整人才培养方案，形成产业升级发展与人才培养方案的动态调整机制。

（二）师资队伍及教学团队建设

1. 专业专任教师及其发展

按照学校教师发展规划要求，组织教师完成职业发展规划，依据教师的发展规划、专业特长及专业发展需求，有计划分阶段组织教师参加专业知识和专业能力培训。

健全并完善教师的激励和约束机制，制定《教师工作激励方案》，将教师专业建设、课程改革、担任学生导师、应用技术研发与社会服务等纳入教师教育教学的工作量，建立长效机制。支持并鼓励教师参加企业应用技术研发与社会服务，鼓励教师积极提升学历、晋升职称，计划完成 3 名教师职称晋升、1~2 名教师学历提升。

制定《汽车运用与维修专业带头人及教师岗位职责补充规定》《专任教师管理制度》，以促进专业带头人提升专业水平、扩大行业影响力。组织和带头开展项目进课堂教学改革，实现产学研人才培养模式的改革。支持专业教师探索教学改革与研究，并将项目导入课堂，提高课堂教学质量，成为"双师教师"。

探索"企业专家指导+企业项目研发"的培养办法,支持专任教师积累企业项目研发经验,提高课堂教学能力。积极申报各类各级课题,深化校企合作,开展产学研合作,在企业设立名师工作室并在学院设立企业专家工作室。

修订兼职教师管理制度,加强兼职教师培训和管理,提高其教学能力,支持兼职教师将企业项目导入课堂教学中。修订教研活动管理制度,规定教研室每月需要开展2次教研活动。

2. 专业带头人

培养在省内外有一定影响力的专业带头人1~2名。实施省级专业领军人才培养工程,支持专业带头人参加国内外相关培训及学术交流,每年开展1次专业调研活动,制定汽车运用与维修技术专业总体建设方案;主持制定人才培养方案和课程建设规划;主持2门专业核心课程及教学资源建设;主持编写3本工学结合教材;指导1名骨干教师;主持1门精品课程建设;主持1项横向科研课题研究;按省级标准主持1项大学生汽车创新创业训练项目;获得1项以上发明专利;完成技术服务2项以上;指导4名青年教师成为恒信汽车集团内部培训师;支持专业带头人参加中国汽车工业协会等社会组织,或在省级以上教学组织、团体或专业刊物担任职务。

3. 骨干教师

建设期内,通过参加国内高职院校师资培训、专业考察学习、职业教育研讨会等,拓展教师视野,更新观念;通过承担课程建设和教学改革,提高教师的课程开发能力和教学组织能力;通过主持或参与企业横向课题研究,提升教师的研发和服务能力;通过3个月以上的企业挂职锻炼,提高教师的实践能力及职业综合能力;通过参加或指导学生参加技能竞赛等活动,提升教师的教育教学能力等。通过以上途径,逐步培养朱昇等4名专业教师为专业骨干教师。

4. 双师素质教师

打造汽车运用与维修专业一流"双师型"教师队伍。有计划地安排专业教师深入汽车行业、企业,通过学习锻炼、挂职任职、参与科学研究和技改造等多种方式，不断提高教师的专业实践能力、科研能力和社会服务能力；聘请汽车行业、企业资深专家、能工巧匠来校指导，提高教师的综合素质；以校企共建为纽带，聘请汽车行业、企业专家、能工巧匠来校任教，通过互助制度提高教师的整体素质；组织教师参加职业资格证书培训。通过多种形式不断提高专业教师的能力和水平，逐步培养熊景鸣等4名专业教师为"双师"素质教师，使"双师"素质专任教师达到90%以上。

5. 兼职教师

建立兼职教师资源库。根据学校对兼职教师的任职及考核管理，对现有兼职教师队伍的结构进行调整优化，聘用4名左右符合工学结合需要的、技术过硬的能工巧匠作为兼职教师，建立兼职教师资源库，强化对兼职教师的教学指导与管理。通过加强与校内专任教师的交流，参加教研活动，参与专业建设、基地建设、课程与教材建设、科研、专业课程教学及实践教学、顶岗实习、毕业设计指导、教学团队建设等活动，了解高职教学的特色和要求，不断提升教学能力。

6. 教师企业、行业实践能力提升

严格执行《铜仁职业技术学院教师下企业挂职锻炼管理办法》和《铜仁职业技术学院"双师素质"教师认定和管理办法》，确保教师实践能力的提升。与汽车企业合作建设"双师型"教师培养培训基地，坚持以教师下企业实践锻炼为主要途径，加强专业教师的实践能力培养。专业教师每人每年下企业开展人才需求调研、社会实践活动及挂职锻炼不少于1个月，直接参与企业的生产、经营和管理，积累实际工作经验，提高实践教学能力，提高"双师"素质，提高"双师"教师比例。

7. 教学团队建设

建立数量充足、结构合理、专兼结合、德技双馨的教学团队。培养引进博士1人，聘请兼职博士1人；培养引进教授1人，聘请兼职教授2人；培养省、市、院级教学名师至少1名；建设1个市级大师工作室；建设省、市、院级教学团队，教学团队在省、市、院信息化教学和微课大赛中获奖3项，教师信息化教学能力和创新创业教育能力显著提高。专业课实践教学由高技能水平专兼职教师承担。专任教师整体教学、科研水平和社会服务能力明显提升。

(三) 课程建设

建立可满足"互联网+"时代教育要求的专业优质教学资源平台，将专业核心课程建成精品在线课程、优质课程、特色课程、微课等网络资源并实现资源共享，学生可利用网络资源进行自主学习，并在网络上进行虚拟实训，了解职业资格认证、校企合作和就业等信息。资源库对外开放，为行业、企业人员和社会学习者等广大用户提供资源检索、信息查询、资料下载、教学指导、学习咨询、就业支持等服务。具体建设情况如下。

1. 精品在线课程建设

校企合作建成汽车发动机电控系统检修精品在线课程。在职业岗位素质、知识能力需求调研的基础上，分析课程知识能力结构，整合优化教学内容，编写出与职业岗位相适应的《汽车发动机电控系统检修》校本教材；编制课程标准、教案、课件、习题集及试卷集、教学图片等教学资源库；结合课程特点，有针对性地培养课程水平一流的教师队伍，优选与课程教学内容特点相适应的教学方法，制作出《汽车发动机电控系统检修》视频教学在线课程。

2. 优质课程建设

校企合作建成汽车发动机机械系统检修优质课程。通过实施专业教师导师制、教师下企业学习锻炼、教师开展及参与科研活动与专业建设等活动，培养和提高教师的执教能力与水平，建设一支从事汽车发动机机械系统检修课程教学的高素质、高水平和稳定的师资队伍；深化教育教学改革，优化教学内容和教学方法，编制课程标准、教案、课件、习题集及试卷集、教学图片等教学资源库。

3. 特色课程建设

建成1门汽车底盘电控系统检修特色课程。分析职业岗位对素质、课程知识和能力的需求，深入研究课程的教学内容和特点，设计整理出学生易于学习和接受的教育教学资料，制定课程标准、教案、课件、习题集及试卷集等教学资源库资料，编写《汽车底盘电控系统检修》特色课程教材。

4. 微课建设

校企合作建成汽车底盘机械系统检修、汽车钣金与喷漆、汽车检测与故障诊断技术 3 门课程的微课体系。深入研究课程知识结构和能力结构特点、教学重点和难点以及相应的授课方式，设计微课建设方案，编制出 3 门课程的微课视频（每门课程 6 个以上视频）。

5. 教学资源库建设

建立系统、完善的汽车运用与维修专业教学资源库。组织专业任课教师编制课程标准、电子教案、课件等教学文件资料，专人收集整理职业技能培训资料，将专业通用能力、专业基础能力和专业核心能力课程的电子教案、课程试题等教学资料及工种考核培训资料、技能竞赛培训资料"上网"，建成专业电子教案库、课程试题库、职业技能考证资源库、技能竞赛培训资料库等。

6. 教材建设

与恒信汽车集团、武汉雄楚爱才教育科技有限公司等企业合作，组织专兼职教师编写《汽车发动机电控系统检修》《汽车底盘电控系统检修》《汽车发动机构造与维修实训指导书》3 本教材。组织主编和参编专兼职教师深入学习和研究教材的编写方法，调研职业岗位需求和专业知识能力的结构特点，学习研究汽车发展的先进科学技术，编写可推广的高水平教材。

（四）实验实训基地建设

1. 校内基地

建设省内领先的校内生产性实训基地。对接产业链和生产流程，整合、优化现有校中厂、实验实训室，加大投入和引进力度，建设省级综合型生产性实训基地和市级"政校企"共建实训基地。健全教材开发、真实环境技能培训、产学研一体的生产性实训基地运行机制，服务骨干专业群技能培训。建立以虚拟仿真系统为支撑的实训中心，搭建开放性、扩展性、兼容性、前瞻性的虚拟仿真实验、实训教学管理和资源共享平台，满足多专业、多学校和多区域开展虚拟仿真实验、实训教学的需要。

2. 校外基地

校外实践基地建设。充分利用铜仁万山汽车城、铜仁灯塔、大兴工业园区资源优势，在已建立的铜仁恒信汽车集团校外实践基地的基础上，再拓展5个校外实践基地，充分保证在专业学生规模增长的态势下，满足学生校外实习的要求；把课堂建到企业车间，形成真正意义的"厂中校"，学生半年顶岗实习比例达100%。

（五）科研及社会服务能力建设

1. 科研及项目

科研及项目见表6-14。

表6-14　科研及项目

时间	科研及项目	
2017年	申请专利1项	申报基于"工匠精神"的职业教育人才培养模式研究省级科研课题1项
2018年	申请专利2项	申报省级科研项目1项
2019年	申请专利3项	申报省级产学研合作项目1项

2. 社会服务能力

（1）社会培训

积极开展企业员工转岗培训、再就业培训等工作，面向社会开展技能培训与鉴定，使各类鉴定每年达到500人次以上。与贵州万仁汽车集团有限公司开展合作，建设教师企业工作站，同企业一起，对新车型进行开发，为行业、企业开展新技术培训、员工岗位培训1 000人次以上，恒信汽车集团钣金技师培训项目每年培训企业技师 30 人以上。

（2）技术服务

加强教师工程实践能力建设，建立教师为企业服务的激励制度，通过进修、下厂顶岗工作以及建立教师企业工作站等方式，帮助企业解决生产中的实际问题，争取建成省级汽车检测工程中心，承担企业技术研发任务，满足社会技术服务需要。

（六）辐射带动作用及专业群建设

1. 辐射带动作用

通过专业建设，辐射带动铜仁市职教集团下属的 10 个区县职业学校、贵州信息工程学院汽车类专业建设及专业教师的发展，形成"专业发展与产业发展相适应、优势互补、资源共享、协同发展"办学格局，推进区域经济社会协同发展。

2. 专业群建设

依托汽车运用与维修技术一流重点专业的建设，建设以汽车运用与维修技术专业为龙头的具有现代汽车后发市场优势的汽车技术服务专业群，带动其专业群的课程改革、师资队伍、实训条件等方面的建设和发展。

（1）专业群课程建设

通过 3 年建设，完成专业群内 3 门专业能力工学结合改革课程（《汽车发动机电控系统检修》《汽车电气设备构造与维修》《自动变速器检测与维修技术》）。

（2）专业群师资队伍建设

培养专业带头人 1 人，省级、市级教学名师各 1 名，院级教学名师 2 名，双师型教师 4 名。

（3）专业群实训条件建设

改建汽车检测与维修实训室、发动机电控技术实训室，新建两个专业共用的虚拟仿真实训室。

（七）对外交流与合作

1. 具有国际视野的人才培养

通过与北京无限智联科技有限公司开展的"中德职业教育项目合作"，与德国"F+U"的汽车维修机电一体化专业建立互访或合作关系，邀请境外专家深度参与品牌专业建设。专业带头人到境外的相关学校进行交流培训，派遣2名骨干教师赴境外职业学校交流学习，派遣5名左右的学生到国外学校交换学习。

2. 国内合作交流

与邢台职业技术学院、四川交通职业技术学院等国内国家示范（骨干）高职院校建立良好的稳定合作关系，互派学生，实现学生跨区域的培养合作。并举办全国性的恒信集团汽车合作院校教学交流研讨会。

五、会计专业

（一）优化人才培养模式，创新人才培养机制

1. 创新人才培养机制

创新产教融合的人才培养机制，在地方政府、行业协会的共同指导下，联合企业共同组建专业建设指导委员会。在委员会指导下，聘请国库集中支付局、铜仁卷烟厂、铜仁中天联合会计师事务所等行业专家和企业业务骨干作为会计专业建设指导委员会成员。制定专业建设委员会章程，建立委员会成员动态管理机制，及时依据专业建设需要吸纳新成员，不断完善专业建设委员会成员结构和管理制度，形成"人才共育、过程共管、责任共担、成果共享"的校企合作育人局面。

（1）完善校企共建共管共享运行机制

通过行业企业合作，共同组建专业建设指导委员会，通过行业引领、政府推动、企业与学院共同实施，形成有利于学生培养、教师成长、技术与服

务模式创新、企业管理转型升级的共建共管共享运行机制。

（2）优化校企协同育人机制

校企共同设计人才培养方案、共同建设网络课程资源、共同开发项目、共同实施教学、共同评价培养质量，校企协同育人，共同培养创新型会计技术人才。

（3）建立协同创新机制

依托平台，校企协同，互联网+会计技术创新与会计服务模式创新双管齐下，形成全新的会计服务商业模式，积聚会计领域创新创业要素，为"大众创业，万众创新"搭建新平台。

（4）建立校企人员互建互聘机制

以"工学结合、资源共享、深度融合、校企双赢"为原则，互派人员、双向兼职、双重身份，使兼职人员有地位、有荣誉、有锻炼、有提高。通过将行业专家、企业技术骨干派到学校任教的形式，置换出在校的中青年骨干教师到企业进行顶岗实践培训，把企业先进的文化、理念、技术和生产方式引入学校，培养市场真正需要的会计人才。充分发挥专兼职教师的组合优势，形成双师队伍建设的长效机制，达到校企双赢的目的。

（5）联合开展学徒制改革

与铜仁创新税务师事务所、铜仁高新技术产业园区等校企联合开展学徒制改革。与铜仁创新税务师事务所开办"创新班"，学校企业双主体教学，双导师进行辅导；与园区开展学徒制教学，学生参加园区企业的项目申报与运营工作。

2. 优化人才培养模式

在"互联网+"背景下，会计业务将从传统的"信息处理和提供"转向"信息分析和辅助决策"，从"事后算账"转向"事前预测和事中控制"，社会急需的是既懂会计、又会管理的复合型应用型人才。深化产教融合，加大与铜仁卷烟厂、铜仁创新会计师事务所、铜仁国美电器公司等知名企业合作，实施"分层渐进、岗学结合、双创贯穿"人才培养模式，探索校企协同育人新路径，提高专业人才培养力。会计人才培养优化改革内容如下：

(1) 引入行业、企业标准

有效整合会计职业标准、会计行业标准、会计岗位规范、企业先进技术与管理文化、学校师资队伍等资源要素，校企共同拟订专业建设标准、人才培养方案与质量考核评价方案，培养创新型会计技术人才，为人才培养模式优化奠定基础。

(2) 注重专业杰出人才培养

拟定杰出人才培养计划，与企业共同制定杰出人才培养方案，对部分具有良好会计专业基础和专业优势的学生进行重点培养。打造职业道德好、综合素质优，精核算、懂经营、善管理的杰出会计人才。

(3) 贯穿创新创业教育

将创新创业教育和工匠精神的培养融入人才培养全过程。通过开设创新创业课程，举办学生职业规划和技能大赛、创新创业社团活动、沙盘模拟经营、VBSE跨专业实训平台等多种方式，实现创新创业认知、创新创业模拟、创新创业实践，使校内与校外、理论实践与岗位需求有效融合。

(4) 推行分层分类培养，关爱学生成长成才

明确"以学生为中心"的人才培养观，按照职业能力成长规律和人的可持续发展需要，构建服务和成就学生的育人体系。具体包括以下几点：①对侧重专升本学历提升、与企业开展学徒制培养的学生实行分层次培养、分类教学和分层次考核；②指导学生参加社会实践与自愿服务活动，明确社会实践活动与专业学习的关系，找准自身差距和目标定位，激发奋发进取的学习热情；③建设会计文化活动课程，强化学生职业文化培养，提高专业文化认知水平；④实施校企双主体协同育人，积极开设创新创业课程，举办学生职业规划和技能大赛、创新创业社团活动、沙盘模拟经营、VBSE跨专业实训平台，促进学生"知行合一"，成长成才。

(5) 改革人才培养模式

优化"分层渐进、岗学结合、双创贯穿"人才培养模式，将创新创业教育和工匠精神的培养融入人才培养全过程。

1)"分层渐进"：根据专业特点和学生的认知规律，在教学内容上注重循序渐进、由浅入深、梯度发展，即通过"会计基础教学→会计分岗教学→会

计综合教学→校内专业实习→企业顶岗实习"五个递进层次培养会计职业人才。

2)"岗学结合":根据"工学结合、理实一体"的教学运行模式,将专业课程进行分层分类设置,注重教学内容与方式的"岗位需求与教学内容相结合、工作环境与学习场所相结合、岗位操作与技能训练相结合、能力培养与素质教育相结合"培养过程。

3)"双创贯穿":根据"大众创业、万众创新"的双创精神,从1~5学期,始终把创新创业意识、创新创业教育、创新创业模拟、创新创业实践等贯穿整个教学过程。人才培养模式运行结构如图6-3所示。

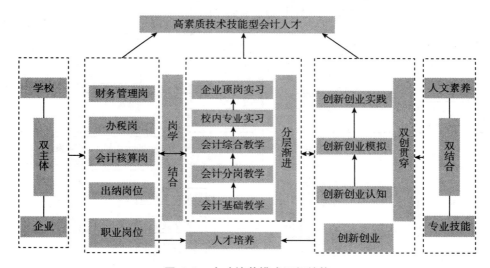

图6-3 人才培养模式运行结构

(6) 优化人才培养方案

会计专业人才培养的基本要求是:培养具有会计核算、财务管理、预算管理等业务能力,能够在中小微企业、中介机构、基层行政事业单位等部门从事出纳、核算、办税、财务管理等岗位工作,适应区域经济发展和社会改革需求,具有较高人文素养的"重操守、精核算、会管理、助决策"的高素质技术技能型人才。

根据会计专业人才培养基本要求,对会计专业人才培养方案进行优化,优化流程图如图6-4所示。

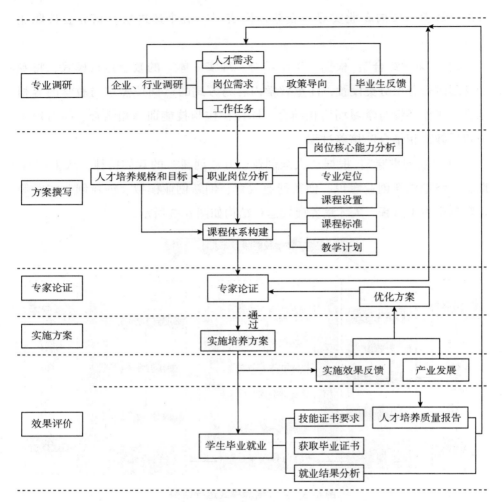

图 6-4 人才培养方案优化流程图

（7）加强人才培养质量保障

按学校的考核性诊断制度，推进质量螺旋上升。会计专业根据专业的具体情况，修订完善了如下制度。

1）修订完善人才培养质量评价体系。对人才培养质量评价人员的构成和评价内容进行了修订完善。在原来的学校，行业、企业专家，用人单位，毕业学生，在校学生评价的基础上增加了学生家长、第三方评价机构对人才培养质量的评价；评价内容增加会计专业文化、创新创业等内容，为人才培养质量的不断提高提供更多可供参考的资料。

2）完善顶岗实习跟踪监控机制。完善《校企联合培养协议》《校企联合培养有关管理规定》和《校企联合培养实施方案》等文件，实现校企联动、互惠双赢。依据《铜仁职院学生顶岗实习管理暂行办法》，制订会计专业《顶岗实习校企共管制度》《顶岗实习指导教师管理办法》及《顶岗实习学生成绩评定办法》等，抓好顶岗实习的前期准备、初期安排、中期检查、后期总结等工作，全面落实顶岗实习管理工作；成立以校内书记为组长，教学副院长、学生科长为副组长，企业参与的顶岗实习与就业工作领导小组，全面负责顶岗实习的组织与过程监控管理，确保学生实习时间及效果。

3）建立毕业生跟踪调查服务机制。在学院就业工作领导小组的指导下，建立毕业生的跟踪、调查及反馈机制。及时收集毕业生就业率、专业对口率、工作适应程度，以及毕业生在用人单位的工作表现和用人单位的意见等信息，深入了解毕业生走上工作岗位后的思想品德、专业技能和专业知识综合运用能力以及适应岗位工作等情况，不断改进教育教学工作，促进学院人才培养与社会现实需求的紧密衔接，实现高素质技术技能型人才培养目标。

4）建立专业自我诊断与改进机制。具体做法如下：①在学校教学工作部和督导室指导下，依托经管学院组建的教学督导小组，对所有任课教师实施定期或不定期的教学听课和教学资料检查。每学期召开 1~2 次学生座谈会，了解学生课堂学习、校内外实习实训，以及任课教师的授课情况。每学期末采取学生评分、督导评分和同行评分等综合评价办法来考核教师，并以此作为教师评优评先和职务晋升的重要条件。②学院召开教师座谈会，及时全面地将任课老师的授课情况以及学生建议反馈给教师，并认真听取任课教师对学院教学管理等方面的意见和建议，促进教学、管理与学生学习的协调一致。③研究学院实践教学环境和存在的问题，进一步深化校企合作育人，实现专业与实训、实训与就业的对接，提升学生在校学习期间的思想道德、职业素养和实践能力，以及毕业后的社会适应能力、持续发展能力。

（二）师资队伍建设

1. 专业专任教师及其发展

在现有专任教师 23 人的基础上，招聘会计专业应往届硕士、博士毕业生 4 人，使专业专任教师队伍达 27 人，更好地满足专业教学需要。专任教师通过外出学习考察、进修培训、下企业锻炼或参与社会服务等方式达到教学能力提升的目的、实践能力提升和科研能力提升，促进职业资格提升、学历提升及职称晋升。培养院级以上教学名师1名。

2. 专业带头人

提升现有2个专业带头人水平，明确专业带头人培养对象2人，更好地带领专业建设与发展。通过到国内外高校、科研院所、企业或培训机构考察学习，参加国内学术交流，主持承担或参与专业建设、课程建设项目，参加社会服务等方式了解本专业领域有关新知识、新技术以及先进的职教理念和办学模式，把握专业发展方向。

3. 骨干教师

在现有4名骨干教师的基础上，再培养8名骨干教师，形成基础会计、财务会计、成本会计、预算会计、纳税申报和财务管理等课程教学均有骨干教师把关的局面。

4. 双师素质教师

在现有21名双师素质教师的基础上，再培养和引进4名双师素质教师，使双师素质教师的比例占专业专任教师的92%以上。

5. 兼职教师

更新兼职教师库，在现有14名兼职教师的基础上，新聘任6名行业企业知名专家及业务骨干充实兼职教师队伍。

6. 教师企业、行业实践能力提升

3年共选派19人次到行业、企业参加实践锻炼或提供技术服务。

7. 教学团队建设

在现有教师队伍中，筹建1个院级教学团队重点开展教育教学改革工作、科研工作、实践技能提升工作。

（三）课程建设

1. 建设思路

按照"重素养、强基础、分方向"的课程设计理念，根据"分层渐进、岗学结合、双创贯穿"人才培养模式，确定岗位核心能力，抽取典型工作任务，将职业道德教育、职业素质培养、职业能力训练和学生职业生涯可持续发展有机结合，构建"一条主线""三大模块"和"四个结合"的课程体系（见图6-5）。突出以会计工作岗位职业能力培养为主线的课程体系，强调对学生综合应用能力的培养；设计会计专业基本能力、专业岗位职业能力和拓展能力"三大模块"课程；强化会计专业教学内容与工作过程、校内实训与校外实训、能力培养与素质教育、专职教师与企业兼职教师之间的"四个结合"。

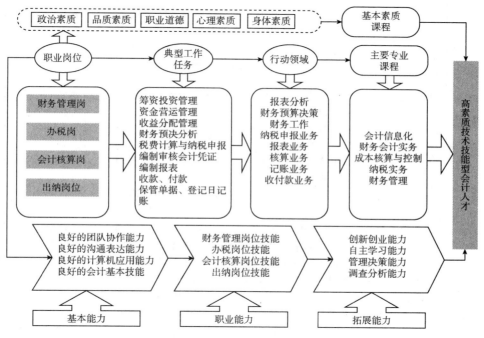

图 6-5 "一条主线""三大模块"和"四个结合"的课程体系

2. 课程体系构建

会计专业毕业生就业的对口岗位主要是与会计行业相关的出纳岗、会计核算岗、办税岗和财务管理岗等。通过岗位职责和岗位能力分析，会计专业职业岗位能力与课程构建关系见表6-15。

表 6-15 会计专业职业岗位能力与课程构建关系

就业岗位	工作过程	主要工作任务	专业能力 要求	专业能力 阶次	对应课程
出纳岗位	保管收付业务的相关资料及印鉴，办理收付业务，登记相关日记账，编制内部收付款报表	库存现金收付、银行结算、银行存款日记账登记、库存现金、银行存款核对	1. 能熟练办理现金收支结算业务、银行转账结算业务 2. 能明辨现金和各种银行结算票据的真伪 3. 能按照规定保管现金和各种结算票据 4. 能按照规定登记现金、银行存款日记账 5. 能按照规定核对现金和银行存款 6. 能正确处理在货币资金结算过程中出现的差错	专业基础能力	《出纳实务》《会计基本技能》
会计核算岗位	会计职业认知，会计核算方法学习	会计信息产品生产环境认知、生产岗位认知、生产流程认知、生产工艺认知、生产方法训练	1. 能正确理解会计信息产品生产活动 2. 能正确对应产品的生产工艺、生产流程、生产规程、加工方法 3. 能正确总结会计信息产品的特点	专业核心能力	《基础会计》《成本核算与控制》《财务会计》《财务会计实训》《会计信息化》《预算会计》《会计专业实训（VBSE）》
会计核算岗位	分岗位进行企业经济业务核算	资产核算、负债核算、所有者权益核算、收入核算、成本费用核算、利润核算	1. 能明辨各种经济业务原始单据的正确性、完整性、合理性和合法性 2. 能正确判断各种原始单据所反映的经济业务内容、性质和类型 3. 能按照会计规范正确计量各种经济业务 4. 能按照企业会计准则确认计量企业发生的各种经济业务	专业核心能力	
会计核算岗位	进行成本计算与分析	成本计算对象确定、成本项目确定、成本计算方法选择、要素费用的归集与分配、成本分析	1. 能结合各种产品、劳务和企业经营管理的特点与要求，采用灵活合理的方法正确计算产品和劳务的成本 2. 能正确编制成本报表 3. 能根据成本报表分析成本升降的原因		

续表

就业岗位	工作过程	主要工作任务	专业能力要求	阶次	对应课程
会计核算岗位	编报企业财务报告	会计报表编报、会计报表附注披露、其他相关信息披露	1. 能正确编制会计报表 2. 会选择和披露相关报表附注信息 3. 能及时按照规定采用书面和网络系统向相关信息使用者报送财务报告	专业核心能力	《基础会计》 《成本核算与控制》 《财务会计》 《财务会计实训》 《会计信息化》 《预算会计》 《会计专业实训（VBSE）》
会计核算岗位	会计信息化	仓储管理、固定资产管理、采购与应付款管理、销售与应收款管理、职工薪酬管理、日常资金管理	1. 能熟练操作财务软件，实现企业财务业务一体化管理 2. 能正确运用ERP资源管理系统存储、输出企业资源信息 3. 能运用财务软件帮助企业实现信息化管理，及时提供管理者决策信息	专业核心能力	
办税岗	进行税费计算及交纳工作	税款计算与申报、财政规费计算与申报	1. 能顺利地办理企业税务登记、发票申购等涉税业务 2. 能按照国家税收法规及其他相关政策正确计算应缴纳的各种税费 3. 能熟练运用税收网络申报系统向主管税务机关申报应缴纳的各种税费	专业核心能力	《经济法基础》 《纳税实务》 《纳税申报实训》
财务管理岗位	企业财务管理	财务制度制订、权益资金筹集管理、债务资金筹集管理、财产物资管理、对外投资管理、无形资产管理、收益分配、成本控制、预算编制、预算执行、预算控制、预算考核与评价	1. 能基本理解企业财务管理的理念、方法，会运用金融工具计算财务管理的相关指标 2. 能理解财务管理在企业管理中的核心地位 3. 能正确理解财务与会计的区别与联系 4. 能熟练地列出企业筹集资金的渠道和方式 5. 能理解各种筹集资金的渠道和方式的优缺点 6. 能熟练地列出企业资产营运的基本原则和存在的风险 7. 能熟悉财务管理通则和公司法规定的收益分配的渠道与相关规定	专业核心能力	《财务管理》

续表

就业岗位	工作过程	主要工作任务	专业能力		对应课程
			要求	阶次	
财务管理岗位	企业财务报表分析	短期偿债能力分析、长期偿债能力分析、资本结构分析、资产管理能力分析、盈利能力分析、现金流量分析、股东权益分析、成本费用分析	1. 熟悉报表分析的指标体系 2. 能理解各种指标的含义 3. 会计算各种财务指标 4. 会根据指标计算的结果描述企业的状况	专业核心能力	《财务管理》《财务报表分析》

3. 课程建设内容

开发基于岗位能力课程的专业资源库，形成服务在校生、毕业生、行业、企业员工及社会学习者的网上学习平台。专业资源库涵盖专业标准库、专业课程资源库。通过专业资源库的建设，力争建设3门院级以上精品在线开放课程，每门课程建设微课程20~30个，2门优质课程，2门特色课程；开发与企业生产过程相配套的校本教材7部，校本教材全部投入使用。

（1）精品在线开放课程

将教学效果好、资源丰富的课程建设成为院级以上精品在线开放课程，实现优势资源的共享与交流。

（2）优质课程建设

建设优质课程2门。通过课程开发小组深入企业一线调研，收集职业岗位工作内容与场景资料，分析职业岗位所需的知识、技能和素质要求，编制课程标准，在以培养学生综合能力为主线的基础上，综合考虑社会需求、知识结构和个性发展三大因素，优化课程内容，协调处理好知识、技能、职业素养三者之间的关系，实时引入行业、企业的新知识、新技术、新成果和职业资格标准，开发基于工作过程的项目任务型优质课程，开发具有岗位特色和利于学生能力持续发展的校本教材。

(3) 特色课程建设

与企业合作开发特色课程2门。由行业、企业专家，业务骨干和学校教师组建的课程建设小组，通过深入企业一线调研，收集职业岗位工作内容与场景资料，建设具有区域特色和能够提升专业人文素养的特色课程。

(4) 微课建设

将精品在线开放课程、优质课程等5门课程中的重点、难点内容建设成微课资源，每门课程建设微课不少于20个。内容主要包括：微课视频、教学建设方案、教学评价等，体现"以学生为中心"的教学理念，为学生和教师营造一个情景化教学和自主学习化的氛围，培养学生探索性学习和自主学习的能力。

(5) 资源库建设

开发基于岗位能力课程的专业资源库，形成服务在校生，毕业生，行业、企业员工及社会学习者的网上学习平台。专业资源库涵盖专业标准库、专业课程资源库。

(6) 教材建设

与企业合作开发优质教材，完成《财务管理》等7门校本教材建设工作。

（四）多功能实训基地建设

随着物联网、云计算、大数据等信息技术的不断发展和成熟，依托于移动互联、云计算、大数据等新一代信息技术所打造的新型教育形态和教育模式的涌现，在现有基础上以"开放、共享"为重点，提升实训基地内涵，建设"理实一体""智慧型""把企业搬进校园"的产学研一体化仿真实践教学基地。开发建设战略合作型校外实训基地，构建"两基地、一网络、多平台"的实训模式（两基地：校内仿真实训基地和校外实训基地；一网络：一个连接校园网和互联网的高速实训室局域网；多平台：会计基础实训平台、分岗实训平台、综合实训平台、财务决策平台等），满足"分层渐进、岗学结合，双创贯穿"人才培养运行过程的需要，满足会计及相关专业群的生产实训和顶岗实习的教学要求。同时，可开展职业技能鉴定、职业技能大赛和培训等社会服务项目，达到培养出"强素质、精核算、懂经营、会管理"的高素质技能型人才的基地条件。

1. 校内实验实训基地建设

要进行专业改革，必须根据"分层渐进、岗学结合、双创贯穿"人才培养模式需要，按照教学和实训深度融合的要求，实现"教、学、做、悟"一体化；要按照国家职业资格标准要求，兼顾会计培训和职业技能鉴定；要在保证学生实训的同时，对外提供服务和技术培训，要围绕"重操守、精核算、懂经营、会管理"的人才培养要求进行岗位课程体系的构建及实施。但是，现有实验实训条件无论在规模、功能或职业环境上均不能完全满足专业改革发展的需要，为更好地满足专业实验实训的需要，拟在原有基础上进行改扩建。改扩建面积为115平方米的财务综合仿真实训室、120平方米的跨专业综合仿真实训室、120平方米的财务管理实训室。

（1）财务综合仿真实训室功能简介

财务综合仿真实训室，以学生岗前实习实训为定位，以企业财务核算及财务管理实操为基础，以企业典型业务为主线，手工与信息化并重，以财务部门的各岗位技能培养为目标，实现"把企业搬进校园"的实践教学模式，为学生提供高仿真的企业工作环境、业务流程、业务数据，让学生通过任务驱动、角色扮演等方式的演练，理解企业生产经营活动与财务处理之间的逻辑关系，掌握各岗位财务技能、各财务岗位之间以及企业内外部的协同关系，并通过信息化的训练让学生感知信息化处理流程与手工处理流程的差异，认知信息化下的财务处理流程。

（2）跨专业综合仿真实训室功能简介

跨专业综合仿真实训室建立在会计、财务管理两个经管类学科和学校的发展特色的基础上，依托经管类专业自身的优势、搭建一个融基础性、综合性、共享性为一体的实验实训平台。可全方位模拟现代真实商业社会环境下，以制造业企业为核心的各类社会组织开展商业活动过程中的各种业务往来关系。利用该平台开展仿真实践教学，可让学生在校内就能体验到虚拟商业社会环境下多类社会组织协同工作的工作方式，认知核心制造业企业及各类社会组织协同工作的业务流程及管理流程；训练在现代商业社会环境中，从事经营管理工作所需具备的综合执行能力、综合决策能力和创新创业能力，学会工作、学会思考,从而培养学生在协同工作中的全局意识和综合职业素养,培养高潜质、有全局观的实务型岗位人员,使学生在创业或者进入企业后有能力胜任岗位工作,懂业务、会应用,具备较强的团队合作意识及创新思维能力,实现"把企业搬进校园"的教学理念。

(3) 财务管理实训室功能简介

财务管理实训室通过对真实企业的仿真模拟,让学生亲自体验企业的运营管理,对企业财务管理中的投资决策、筹资决策、营运资金问题进行相关的财务处理、财务分析和案例分析模拟设计,独立完成所有的运营决策,锻炼学生综合运用所学专业知识解决财务实际问题的能力;在整个实践训练过程中,企业发展过程中的各项财务管理工作以及其他企业运营管理工作等各个方面的经营决策,均由学生根据市场发展形势与竞争形势的变化独立完成。学生将通过亲手编制模拟企业的财务报表,学习损益表、资产负债表和现金流量表的形成过程以及各个数据的因果关系。同时,通过对公司的运营管理,理解财务分析、预算管理、成本控制、投资管理、融资管理、风险控制等财务管理知识与技能,体会公司从投入、产出到盈利的全过程,认识财务管理对企业绩效提升的重要作用,从而通过对企业财务状况进行诊断找出问题和症结,提出合理化建议,培养学生的创新思维能力,提升学生的专业素质。

2. 校外实验实训基地建设

在现有 20 余个校外实训基地的基础上,按照"重操守、精核算、懂经营、会管理"的人才培养要求,以"校企共赢"为合作基础,新建 10 个校外基地,以满足学生见习和顶岗实习的需要。通过建成"校外有基地、基地能实践"的"基地+导师+学生"的教学运行平台,可以促进学生课内知识学习与校外见习、顶岗实训的深度融合,增强学生会计岗位的实践能力,同时也为"双师"教师培养、岗位技能开发、教学案例搜集以及岗位核心课程建设等创造有利条件,有效实现校企"双主体"协同育人的目标。

3. 实验实训基地运行管理

(1) 校内实训基地运行管理

完善校内实训基地运行管理机制,不断提升校内实训基地管理水平,确保学生项目实训的完成效果，按照教学和实训深度融合的要求，实现"教、学、做、悟"一体化；在保证学生实训的同时，对外提供技术服务和技能培训，提高实训基地的有效利用率，成为"共享、开放"的实训基地。

（2）校外实训基地运行管理

完善专业教师联系企业制度，进一步加强校企合作内容与深度的融合，鼓励校企互评互聘机制，深入推进"双主体"育人机制建设。完善学生顶岗实习管理制度，做到顶岗实习计划、顶岗实习标准、指导校内校外教师、企业、岗位、实习待遇和实习考核"七落实"。实施学生实训实习安全责任制度，明确学校、学生、企业、指导教师各自的责任与义务，确保实训基地实训实习正常开展，实现校外实习基地的共管、共享。

（五）科学研究及社会服务能力建设

1. 建设目标

完成申报院级科研平台1个，院级科研团队1~2个；完成2个市级重大课题的研究工作及结题工作；完成1个市级以上科研课题研究，完成1~2项教育教学改革课题研究。

依托会计专业及其专业群师资团队的专业优势和技术优势，着力解决影响市区及周边地区产业转型升级、企业提质增效所急需的会计人才资源不足的问题。三年内完成中小企业技术帮扶6家，承接开展横向课题研究1~3项，完成企事业和行政单位会计人员培训1 600人次，完成会计从业资格培训360人次。

2. 建设思路及措施

1）建立《经济与管理学院关于促进社会能力提升的管理办法》等管理制度，让制度管人、管事、管运行，实现教学与服务两不误、两促进。

2）依靠专业技术力量，积极承接和完成市区企业、行政事业等单位财务人员的会计制度培训或会计职业资格培训。

3）建立技术服务激励机制，对积极立项并有研究实效的横向课题教师实施奖励。

4）推行教师进企业、学生入基地、师生得发展的"一师一企一收获"科技惠民工程，不断提升社会服务能力和服务质量。

5）依托校内实训基地，为市区内及周边中高职学校提供人才培养模式、课程建设、师资培训及实训基地建设经验借鉴，提高教学团队智力帮扶能力和水平。

（六）辐射带动及专业群建设

1. 辐射带动作用

依托会计专业改革发展的成功经验，带动省内高职院校专业建设。指导1~2所高职学校会计专业人才模式改革、人才培养方案修订、课程建设、专业实训室建设等工作；引领铜仁市集团学校专业建设，在铜仁市集团学校成员单位中，明确铜仁市中等职业学校、石阡县中等职业学校为联系帮扶学校，指导引领该校的专业建设、实训基地建设、培训师资等。

2. 专业群建设

依托优质高职院校会计专业建设的优势，辐射带动财务管理、农村金融和电子商务等专业群的建设和发展。通过三年，建成专业群《基础会计》《统计基础》2门优质核心课程，培养财务管理、农村金融、电子商务专业骨干教师各1名，培养双师素质教师4名，新聘兼职教师4名。

六、计算机网络技术专业

（一）优化人才培养模式，创新育人机制

1. 引入企业、行业标准

聘请中兴通讯股份有限公司、中国铁塔集团铜仁分公司和重庆德克特公司等企业的技术总监、技术骨干等充实到专业建设管理委员会，建立和完善专业建设例会制度和专业调研制度，召开每年两次以上的专业建设例会和一次以上的专业调研工作，加强专业建设和发展，实现人才的校企共育、过程共管、资源共享。

依托专业岗位调研,引入企业、行业标准,准确定位专业人才培养目标。通过对中兴通讯股份有限公司、中国铁塔集团铜仁分公司、重庆德克特公司等企业的计算机维护工程师、网络工程师、网站设计师等岗位进行调研分析,确定专业人才培养目标为:具有系统的计算机网络基本理论和知识,独立完成园区网的规划和设计;掌握网络设备的选型、安装、管理和维护;独立完成网页设计与制作;掌握大中型网络方案的设计和撰写;能独立完成网络综合布线的规划、设计和施工;掌握网络营销的知识和技能;毕业时达到网络管理员或网站设计员的水平。建立人才培养目标与课程目标之间的关联表,确定学生学习各门课程的达标标准,建立目标链,推动课程整改,促进专业培养目标的达成。

打破传统学科型课程体系,按照"建网、管网、用网"的工作任务要求,以项目流程为导向,围绕"组建好一个网络,排除好一个故障,服务好一个用户"所需的品德、知识和技能,制定专业职业能力培养的课程标准,构建"项目流程型"课程体系和"基于技能训练、项目导向生产性实训、工学交替"多层次的实践教学体系,见表 6-16。

表 6-16 计算机网络专业岗位职业能力分析

序号	核心工作岗位	岗位描述	岗位职业能力要求
1	网络管理员	1. PC 的组装与维护 2. 中小型网络布线 3. 服务器配置与管理 4. 中小型局域网组建	1. PC 机的配置与组装 2. PC 机的管理与维护 3. 中小型网络布线能力 4. DNS 服务器的配置 5. Web 服务器的配置 6. 文件服务器的配置 7. DHCP 服务器的配置 8. 中小型网络(网吧)的设计 9. 中小型网络(网吧)的安装与调试 10. 中小型网络(网吧)管理与维护

续表

序号	核心工作岗位	岗位描述	岗位职业能力要求
2	网络工程师	1. 网络规划与设计 2. 网络设备安装、配置与调试 3. 网络故障处理	1. 网络规划的需求分析和准备 2. 网络规划书的制定 3. 交换机配置与调试 4. 路由器配置与调试 5. 防火墙配置与调试 6. 网络综合调试 7. 网络故障分析 8. 网络故障处理
3	网络应用师	网络资源应用	1. 网络信息的收集 2. 网络信息的处理 3. 网络信息的发布 4. 网络数据库的应用
4	网站设计师	1. 网站规划 2. 网站建设	1. 网站需求分析 2. 网站制作规划书 3. 网站制作 4. 网站调试与发布 5. 网络编程技术
5	售后技术服务工程师	网络设备技术服务	1. 交换机、路由器和防火墙的型号及性能了解 2. 交换机故障分析与处理 3. 路由器故障分析与处理 4. 防火墙故障分析与处理

参照锐捷网络股份有限公司、中兴通讯股份有限公司的网络工程师、网络管理员及信息产业部、华为、微软等行业和企业的岗位技能，归纳出典型工作任务（见表6-17），根据典型任务建立相应的骨干课程（见表6-18），制定课程标准。在此基础上，建立试题库和考核平台，测评学生的能力。

表 6-17 典型工作任务的工作过程

项目	典型工作任务	工作过程
建网	网络规划与设计	需求调查与分析→写出建设方案→方案论证→项目实施→项目验收总结
建网	综合布线工程设计	客户需求分析→写出建设方案→方案论证→项目实施→项目测试→项目验收
建网	局域网组建	现场勘察→综合布线→网络设备安装→设备配置→设备调试→项目文档整理→项目验收
建网	网站策划与设计	业务需求分析→提出可行性建设方案→方案论证→修改项目方案→网站设计→网站测试→网站发布→项目总结
管网	系统开发	业务需求分析→提出可行性方案→项目开发→项目调试→项目验收→项目总结
管网	服务器配置与管理	业务需求分析→项目配置→项目调试→使用→项目总结
管网	网络互联	业务需求分析→项目配置→项目调试→使用→项目总结
管网	综合布线工程监理	客户业务需求分析→审核建设方案→监理施工过程→监理测试和验收过程→形成监理总结文档
管网	售后技术服务	分析客户业务需求→提出可行性方案→提供技术支撑→客户信息反馈→项目总结
用网	网络产品销售	熟悉产品性能→分析客户需求→提供建设可行性方案→参与招投标→项目总结
用网	网络应用管理	业务需求分析→业务处理→数据统计→业务总结→信息反馈

表 6-18 典型工作任务的骨干课程

典型工作任务	骨干课程
网络规划与设计	★网络互联技术、★网络安全技术
局域网组建	★网络互联技术、★网络安全技术
综合布线工程设计	AutoCAD 工程制图
综合布线工程监理	AutoCAD 工程制图
网站策划与设计	SQL 数据库应用、★网页设计与制作、★网站综合开发、JAVA 程序设计
系统开发	SQL 数据库应用、★网页设计与制作、★网站综合开发、JAVA 程序设计
服务器配置与管理	★服务器配置与管理

续表

典型工作任务	骨干课程
网络互联	★网络互联技术、★网络安全技术、网络工程实践
售后技术服务	
网络产品销售	
网络应用管理	

注：课程名称前面带有★的为核心骨干课程。

2. 推进人才分层培养、着力培养杰出人才

构建"三大工程"育人体系，围绕学生发展标准，实施"合格学生""精品学生""卓越学生"三大工程，按照合格是基点，精品是主力，卓越是标杆的要求，分层、分阶段、有针对性地对学生进行培育，实现德育为先做合格学生，以技立业做精品学生，服务社会做卓越学生。

建立学生发展质量自测诊断体系。依据学生发展标准实施问表式自测诊断，帮助学生进行状态数据分析，并将结果应用于学生发展质量方案的修正和改进，不断提升学生自我发展能力。建立学生互动联络的常态化机制，运用学院数据平台，实时采集学生状态数据，在对数据统计分析的基础上监测学生质量状态，及时指导并帮助学生制定改进措施。建立学生学业情况分析（包括课程成绩、第二课堂成绩、志愿服务、创新创业成果、获奖成果等）平台，撰写学生发展质量分析报告，为提升学生整体素质提供改进依据。建立学生"诊改"运行链，持续推进学生自我持续改进，直至达到预期目标。

建立工作机制，营造良好的育人环境。构建"三个平台"，依托"三个中心"，实施"五元文化"德育教育，提升文化育人水平，培养德才兼备、全面发展的人才。构建"三个平台"[思政教育工作、党（团）建工作、文化育人工作]，营造全方位的育人环境。依托"三个"中心（学生事务服务中心、学生资助中心、学校心理健康教育中心），保障学生发展增值，实施"五元文化"德育教育。

完善制度，营造良好的生活环境。建立每学期的学生食堂、宿舍满意度问卷调查与反馈改进制度，修改完善校舍维修制度、宿舍管理制度。建立校园常规巡查、反馈与改进机制，学生诉求与回应机制，及时反馈信息并实时改进,督查改善效果。撰写基于大数据分析的后勤服务质量年度报告。

3. 创新人才培养机制

在"产业+企业+专业"的基础上,推行"四融入、四递进、项目式教学"的人才培养模式。产学研结合是高等职业教育发展的必由之路,而校企合作是实现产学研结合的重要途径。建立和完善"产业+企业+专业"的校企共建专业模式,按照对接产业和依托产业建专业,构建校企一体情境教学基地。

"四融入"是指人才培养机制中融入行业、企业,人才培养方案中融入岗位要求,教学内容中融入职业资格标准,专业文化中融入优秀企业文化。"四递进"是指课程递进、实践递进、能力递进、素质递进。其中,课程递进是指专业基础课→专业核心课→专业拓展课→毕业辅导课;实践递进是指单项实训→综合实训→生产实践→顶岗实习;能力递进是指基本能力→核心能力→迁移能力→综合能力;素质递进是指基本素质→专业素质→拓展素质→专业素质。和企业形成联合开发、优势互补、利益共享、风险共享的合作机制,保证了"订单培养"的长期化、稳定性、高效性,实现了校企之间名副其实的"零距离"合作,使参与其中的学生、行业、企业、院校得益,实现了多方共赢。

推进与中兴通讯股份有限公司、中国铁塔集团铜仁分公司、重庆德克特公司的校企合作,在"产业+企业+专业"的基础上,探索在本专业试行"四融入、四递进、项目式教学"的人才培养模式。将人才培养过程中的素质教育、课程标准、教学过程、学历证书及校园文化等内容,直接与行业、企业的有关要求进行有机衔接,共同实施人才培养。

4. 创新创业教育、关爱学生成长成才

根据《国务院关于大力推进大众创业万众创新若干政策措施的意见》(国发〔2015〕32号)和《国务院关于加快构建大众创业万众创新支撑平台的指导意见》(国发〔2015〕53号)的有关部署,充分释放全社会创业创新潜能,发挥大众创业、万众创新和"互联网+"集众智汇众力的乘数效应,构建大中小企业、高校、科研机构、创客多方协同的新型创业创新机制。校企共建

"互联网+"大学生创新创业中心,建立校企融合的师资混编团队,全面负责校内外实训项目、时间、地点的安排和运行管理、质量监控及成绩评价等工作,开设创新创业课程,点燃学生的创业激情,增强学生创业意识,培养学生创业能力,了解创业政策、营销计划以及教会学生如何撰写创业计划书等。

通过创新创业中心组建创新创业孵化班,引入、辅导、孵化"互联网+"企业创新创业孵化项目,通过创业导师的辅导进行市场化运作,从创客认知、创业认知、设计思维、模拟路演、项目答辩和推广等方面进行辅导,由创业、技术导师以及行业专家、资深VC(风险投资家)等筛选优秀项目,通过互联网平台推向市场并实现盈利,盈利所得由学校、学生和达内公司协商分配,建设期内力争孵化出1个以上创业型公司和1个以上省部级创新创业大赛奖项。鼓励学生申报学校科研训练项目,提升学生创新能力,引导学生进入科学前沿并了解社会、政治、经济及科技发展动态,培养科研素质、启发创新意识并提高动手能力。

5. 质量保证及评价机制

依据高素质技能型专门人才成长成才的规律,明确各主要教学环节的质量标准,规范教师的教学行为,在《铜仁职院教学督导委员会工作条例》《铜仁职院教师教学质量评估办法(试行)》及《铜仁职院教学事故认定及处理办法》等制度的基础上,建立专业课程教学实施管理办法和专业教师绩效考核制度,实现专业教学质量管理的经常化、规范化,推进校企共育人才的有序进行。

打造专业建设目标链与标准链。通过校内信息平台实时采集专业、课程、教师、学生的数据,进行大数据分析,持续推进专业教学诊断与改进。

完善专业课的课业成绩考核、企业岗位能力考核、行业职业资格考核的校内与校外、课内与课外、理论与实践考核制度。依据知识获得与技能形成规律,完善课业成绩的过程考察与人才质量形成关键点考核相结合的形成性考核评价体系。校内采用口试、小组讨论、作业、方案设计、实际操作等考核方式,注重学生基础知识、基本技能和基本职业素质的培养。特别是网络综合开发、网络工程实施、网站建设与管理等关键技术的考核,要项项考核、人人过关,保证人才培养质量。

校内及企业均让学生在真实或仿真的场景中按照自己设计的工作流程进行施工,根据学生学习态度、设计方案的可行性、操作的规范性和生产产品的质量等评定学生的岗位职业能力、职业素质和实训成绩。行业评价注重学生职业资格的认证。学生毕业时,必须参加由行业组织的职业资格考试,并获得一个以上的职业资格证书。

6. 完善人才培养方案

聘请中国铁塔集团铜仁分公司和重庆德克特公司等企业的技术总监、技术骨干等充实到专业建设管理委员会,建立和完善专业建设例会制度和专业调研制度,根据毕业生跟踪调研、用人单位满意度调查、学生能力测评情况分析、学生学业情况分析撰写调查分析报告和基于数据分析的专业质量年度报告,每年召开两次以上的专业建设例会和一次以上的专业调研工作,加强专业建设和发展,实现人才的校企共育、过程共管、资源共享。根据专业人才培养目标与课程目标的达成度,进行SMART原则分析,持续推进人才培养方案的修订工作。

(二)师资队伍及教学团队建设

1. 专业专任教师及其发展

依据区域信息产业建设及计算机科技企业发展的需要,结合学院实际,通过三年建设发展,使专业学生规模稳定在300人以上,按照生师比配置要求,配齐、配足、配优专业专任教师,使专业专任教师人数达到19人。通过内培外引措施,优化教学团队结构并提高其业务能力。提升和培养专业带头人4人,提升和培养骨干教师8名。

2. 专业带头人

完善专业带头人管理制度,培养网络专业带头人,使专业课程建设有人领、技术开发有人带、校企合作有人抓。建设期内培养计算机网络工程、网络管理与安全、网站建设与管理方向专业带头人3人。

确定3名有多年企业工作经验的教师为培养对象,通过考察学习、学习国内外专业领域有关新知识、新技术以及先进的职教理念和办学模式，形成学习或考察报告，拓宽视野，更新观念；通过参加国内学术交流、职业教育研讨会、高职院考察学习，形成学习或考察报告，深化职教理论认识；通过承接横行课题，与企业合作开发新产品、新工艺、新技术，并承担 1 项市级以上科研项目，提高技术开发能力；通过主持实训基地建设、课程建设、教学改革等，完成 1 门精品课程和 1 门核心课程的建设任务，指导 3~5 名中青年骨干教师，提高其教学及组织能力；通过对区域内计算机行业产品结构和人才需求的调研，完成调研报告的撰写和人才培养方案的修订等工作，提高专业设计能力。

3. 骨干教师

以提高教师的胜任力为核心，在现有 3 名骨干教师的基础上，培养 5 名骨干教师，通过 IT 领域高级认证 1~2 人，使网络数据技术、网络安全技术、网络综合开发、网络互联技术、网络工程实践、服务器配置与管理、网页设计与制作、网络系统集成 8 门课程教学重点均有骨干教师把关。完善骨干教师建设与管理办法，进一步明确骨干教师的工作职责、选拔标准、津贴待遇等，使专业课程建设有人把关。

通过参加国内高职院校师资培训、专业考察学习、职业教育研讨会等，形成学习或考察报告，拓宽视野，更新观念；通过担当课程建设负责人，主持专业核心课程建设和教学改革等，完成 1 门专业核心课程或精品课程的建设任务，提高课程开发能力和教学组织能力；通过到企业发现技术问题或难题，并主持 1 项横向课题研究，培养对象的研发能力和服务能力；通过参与或主持教学研究课题，提高教研能力；通过 3 个月以上的企业挂职锻炼，提高实践能力及职业综合能力。

4. 双师素质教师

在完善职业资格与经历并重的双师认定管理办法、双师工作过程与工作实效并重的双师考核办法的基础上，建立与工作经历和实绩挂钩的考评机制，并采取下列措施，确保双师素质教师比例达到 100%：

1）每年安排 3~5 名教师以"访问工程师、技师"的名义分别到中兴通讯股份有限公司、锐捷网络股份有限公司、思科网络技术公司、中国铁塔集团铜仁分公司、重庆德克特信息技术有限公司等企业进行实践锻炼，以挂职顶岗、合作研发等形式，在提高实践能力的同时，掌握企业新技术、新工艺、新设备、新材料，了解计算机网络领域的生产现状和发展趋势。

2）通过实施科技服务惠民工程，让教师下县乡镇、进企业、到基地进行新技术培训、推广与服务，让教师在提高服务能力的过程中，密切校企关系，推进专业校企合作。

3）继续实落好地方政府对学院特批的向社会（企业）招考双师素质教师的优惠政策。在三年建设期内，力争每年向社会招考1~2名双师素质教师。

5. 兼职教师

进一步完善兼职教师管理办法，健全兼职教师聘用标准，提高兼职教师授课待遇，从政府、学院、企业多层面为兼职教师到校承担教学任务创造良好环境，使行业专家、技术骨干、生产能手乐意到校授课。同时，通过以下措施，确保兼职教师的数量与质量，实现一半以上的专业课教学由兼职教师承担。

1）建立兼职教师人才库，为聘用提供平台。在与企业交流合作的过程中，收集企业技术骨干、生产能手的有关信息，并建立良好的关系，选聘企业技术骨干进入学院兼职教师人才库。

2）建立有效的激励机制，调动兼职教师的积极性。制订兼职教师奖惩办法，对兼职教师实行多劳多得、优劳优酬的分配制度；制订兼职教师评价考核办法，如评选优秀兼职教师等；对表现特别突出、深受师生赞誉的兼职教师，授予其终身名誉教师称号等。

3）加强培训与交流，提升兼职教师的教学能力。通过多种形式对兼职教师进行岗前培训、岗上互学，建立专兼职教师互动交流平台。专业教研室可定期组织专兼职教师的教学经验交流会、联谊活动和相互听课等，增强兼职教师的主人翁意识，提高其教学胜任力。

4）建立兼职教师的监控和考核机制。教学督导机构、二级学院院长和专业教研室主任深入教学一线，检查和监督兼职教师各教学环节，严格教学质量考评制度。

5）与企业联动，建立实习指导教师管理办法。确保轮岗实习、顶岗实习的质量和在企业实施教学活动的效果。

6. 教师企业行业实践能力提升

积极实施教师进企业（行业）实践锻炼工作，制定教师企业实践锻炼工作计划，选派教师进企业生产一线，了解企业岗位特点、岗位需求、业务流程及新技能、新设备、新工艺、新标准、新方法，提高教师专业技能和实践教学能力，提高理论与实践相结合的能力，促进课程教学改革，提高人才培养质量。通过选派教师参与技能竞赛，找出自身差距，针对性地进行岗位锻炼，补足短板，全面提升教师的动手能力。

7. 教学团队建设

本专业现有专任教师13人，通过引进信息类企业技术骨干6人，使专业专任教师队伍达19人，满足专业教学需要。在现有专业带头人基础上再培养计算机网络工程、网络管理与安全、网站建设与管理方向专业带头人3人，带领专业建设与发展；在现有3名骨干教师基础上，再培养5名骨干教师，使网络数据技术、网络安全技术、网络综合开发、网络互联技术、网络工程实践、服务器配置与管理、网页设计与制作、网络系统集成8门课程教学重点均有骨干教师把关；在完善职业资格与经历并重的双师认定管理办法、双师工作过程与工作实效并重的双师考核办法的基础上，建立与工作经历和实绩挂钩的考评机制，确保双师素质教师比例达到100%；在现有7名兼职教师基础上，增加企业派驻12名工程师参与专业核心课程教学，保证一半以上专业课教学由兼职教师承担，并完成顶岗实习指导任务。打造教学名师1~2名，打造职教新秀1~2名，打造优秀教学团队一个。

（三）课程建设

建立和完善校企共同开发课程制度，使专业课程开发汇集行业专家、企业骨干和学校教师，教学内容反映行业发展与企业技术应用状况；建立课程负责人制度。

通过课程开发小组深入企业一线调研，收集职业岗位工作内容与场景资料，了解职业岗位所需的品德、知识和技能，确定课程在人才培养方案及课程体系中的地位、作用、任务等，依据技术逻辑和知识逻辑确定课程内容结构，并明确课程的知识点与技能项目。按课程定位、目标、任务、内容、教学建议、考核评价、课程资源开发与利用、参考文献选用、课程计划与学时分配等要求编制课程标准，经专业建设管理委员会研讨、审核、修订后付诸实施。

依据技能形成与知识获得的规律，在校内通过讲授与实训、课内与课外、整体与分组、自学与辅导、全程与分段等办法，在校外通过分产品分阶段综合实训的方式，合理安排教学进程、教学时间及地点，使教学组织与基地运作、企业生产对接，实现人才培养与企业生产有机结合，达到全学程贯穿素质教育、分项目训练基本技能、分工程项目进行综合实训和分阶段形成岗位能力的目的。积极开发活动课程和实施反思教育，积极开展科技兴趣活动、小发明制作、技能竞赛、演讲赛、专题讲座、创新实践等活动，要求学生天天写成长日记、月月有反思报告、年年出创意设计，引导学生成长成才。

1. 精品在线课程建设

建立可满足于大数据时代教育要求的数字化教学与信息化管理平台，满足学生线上与线下课程学习，以职业岗位所需的品德、知识和技能为切入点，以校企合作开发为途径，以实际工作过程为线索，建设覆盖专业核心课程、主干课程的计算机网络技术专业教学资源库，力争将《网络互联技术》《服务器配置与管理》建设成为精品资源在线开放共享课程，实现校内开放、校外共享。

2. 优质课程建设

按照以服务为宗旨、以就业为导向的指导方针，突出职业能力培养，体现工学结合的鲜明特色，以岗位分析和具体工作过程为基础设计课程，恰当运用现代教学技术、方法与手段，开发大规模开放式课程（MOOC），力争将《网站综合开发》建成优质核心课程，通过优质核心课程建设带动专业课程建设。

3. 特色课程建设

构建有利于学生个性化发展的特色课程，以满足不同学生的个性化需求，挖掘学校资源优势，力争将《网络安全技术》《网页设计与制作》建成特色课程。

4. 微课建设

梳理"建网、管网、用网"过程中的项目应用，梳理提炼具有代表性的基于工作过程的项目，进行微课建设，完成微课建设任务 5 个。

5. 教学资源库建设

1）开发基于岗位能力课程的专业资源库，形成覆盖整个武陵地区甚至全国大部分地区的网上学习平台，为毕业后的学生，行业、企业员工及社会学习者提供帮助。专业资源库涵盖行业标准库、专业标准库、课程资源库、教学素材库、职业资格证书培训库。通过专业资源库的建设，力争建设 2 门精品资源共享课，1 门优质课程，2 门特色课程，9 门基于工作过程系统化的课程标准。

2）开发与企业生产过程相配套的校本教材 7 部，公开出版教材 4 部。

6. 教材建设

结合教学实际过程，组织教师修改教学课件、教案，形成《综合布线技术》及《网页设计与制作》两门课程的校本教材。选择与专业核心要素有关的基础理论知识，打破学科体系，将职业岗位能力所需的基础知识、专业基础知识和专业技能重新组合，搭建成新的内容框架，整合成新的课程，争取出版教材 4 部。出版专业基础课教材《JAVA 程序设计》《C 语言程序设计》，把网络管理员模块知识整合开发成《网络工程实践》，把网站管理员模块知识整合开发成《网站综合开发》。

（四）实验实训基地建设

1. 校内实验实训基地建设

在基地硬件资源的基础上，依托大龙微软实训基地、中兴通讯股份有限公司、中国铁塔集团铜仁分公司和重庆德克特信息技术有限公司，校企合作共建校内理实一体的情境教学实训基地；贯彻先进性、真实性、工程性、开放性的建设原则和实施产学合作策略，完善和拓宽现有基地功能，将实训基地建成具备多类网络架构真实环境，集生产、教学、科研、培训、技能鉴定、服务等多种功能于一体的多功能实训基地。新建面积 100 平方米的综合布线实训室、100 平方米的无线网络技术实训室、100 平方米的网络安全实训室，扩建 100 平方米的操作系统实训室，引进企业建立和完善德克特校内实践基地，满足学生对"建网、管网和用网"的实训操作，提升实训设备资源的经济效益和社会效益。校内实训基地建设概况见表 6-19。

表 6-19 校内生产性实训基地建设情况

名称		功能	面积/m²	经费预算/万元	完成时间	培训学生/年	培训考证/年
计算机网络技术实训中心	综合布线实训室	综合实训、轮岗实训	100	40	2017 年	150 人次	150 人次
	无线网络技术实训室		100	40	2018 年		
	操作系统实训室		100	80	2018 年		
	网络安全实训室		100	140	2019 年		
合计			400	300		150 人次	150 人次

完善校内实训基地运行管理机制。在专业实训项目部领导下，采用公司管理制度，把实训基地作为工作基地，施行"教师指导，学生管理"的开放式管理模式，明确指导教师责任，学生以实训小组为单位，与项目实训部签订实训目标协议，专业项目实训部提供所需的材料、仪器、设备等。

发挥政府、企业优势，完善 NIIT 大数据软件。

2. 校外实验实训基地建设

依托企业生产型的真实任务和情境，校企合作共建以拓展学生职业能力为目的的校外顶岗实习就业基地，积极发展教学紧密型、技术合作型企业。将中国铁塔集团铜仁分公司、重庆德克特信息技术有限公司、中兴通讯股份有限公司 3 家企业建成为教学紧密型合作企业，并完成岗位骨干课程（网络综合开发、网络工程实践）的课程开发和实训教学任务。

拓展校外实习基地。为满足本专业及专业群学生轮岗实习和顶岗实习需要，确保全部学生完成半年顶岗实习任务，实现毕业生顶岗实习与就业直通。新增校外顶岗实习基地6个[①]（含3个教学紧密型合作企业），形成校企共管、机制健全、实训实习内容充足的高水平校外实训基地格局。

完善校外实训基地运行管理。在专业实训项目部领导下，进一步完善《学生顶岗实习管理办法》等实训基地运行管理制度，落实"一人一岗、定期寻访、以师带徒、出师定薪"的顶岗实习管理办法，做到顶岗实习的计划、指导教师、实习企业、实习岗位、实习待遇、实习考核和实习教学标准"七落实"；建立学生实习安全责任保险制度，明确学校、学生、企业、指导教师各自的责任与义务；构建顶岗实习质量管理体系，明确指导教师责权利，由实训基地的工程师对学生的实习过程和结果给予考核，对用户进行跟踪调查，及时了解用户对学生的评价，指导教师结合考核结果评定学生成绩。

3. 开放性实训基地建设

围绕大数据产业链，与政府、行业、企业合作，在NIIT大数据服务软件外包实训基地的基础上，建成集教学、培训、技能竞赛、技能鉴定、生产性实训、创业孵化及社会服务为一体，功能齐全、技术先进的"云计算与大数据创新应用"省级开放性实训基地，将基地建成为贵州省乃至整个武陵山片区利用"大数据"助推"大发展"、落实"大扶贫"战略的高素质ICT（信息和通信技术）技术人才培养基地。辐射带动同类院校和参建企业共同发展，为贵州大数据产业发展培养高素质技术技能人才，服务武陵山区大数据产业发展。

（五）科学研究及社会服务能力建设

1. 科研规划

与企业合作共同搭建科研平台，依托企业不断增强的创新能力、突出的灵活定制能力、日趋完善的交互能力，共同开展技术技能高职转型发展的合作探索，建成功能完整的信息技术实践教学科研平台，建成校企共赢发展的

[①] 其中网络工程实施2个、网站建设企业3个、网络产品营销企业1个。

协同创新科研体系,提升教师队伍的整体素质和科研核心竞争力,推动大数据背景下计算机专业群的快速发展。建立高效的科研管理体系,探索激发参研教师积极性的科研体制建设。面向贵州地区的企业、政府、事业单位开展技术开发、技术转让、技术咨询、技术服务及市场推广。

与企业开展深度产学研合作,在人才培养模式和机制上实现创新;参与行业、企业应用项目的科研开发,提升教师和学生的应用技术能力,服务贵州大数据产业需求,提升服务能力和影响力。

2. 科研项目

通过校企深度融合,共同承担行业、企业应用项目的科研开发。建立"互联网+"创新创业中心,面向整个IT项目链条,从前端界面设计、前端交互设计、软件和移动平台开发、电商和互联网营销、数据和财务分析等几个方面遴选组建大学生创业团队,由校企通过双方资源共同引入实体"互联网+"创业孵化项目,由导师通过线上和线下辅导相结合的方式,从创客认知、创业认知、设计思维、模拟路演、项目答辩和推广应用等方面指导创新创业团队的项目孵化、上市及市场化过程。建设期内力争引入3个以上的项目,孵化出1个以上的创业型实体公司。

3. 社会服务能力

依托NIIT大数据服务软件外包实训基地,开展软件应用开发、大数据、网络开发、BPO(商务流程外包)、项目管理等方面的培训,每年开展培训不少于200人次,服务于区域经济发展和智慧城市建设。通过开放性实训基地建设,建成后能够对智慧城市产生的数据进行分析,对政府决策提供支撑。响应企业项目研发需求,共同开展项目研究,争取申请专利、知识产权两项。通过科研创新团队,为区域政府、企业、行业信息化建设提供技术支持和指导。

(六)辐射带动及专业群建设

1. 辐射带动作用

利用计算机网络技术专业在校企合作专业建设、课程建设、实训实习基地建设、师资、学生培养等方面的资源优势为其他院校提供专业教学改革和实训条件建设方面的支持；联合开展专业与课程建设，通过共享专业建设成果、专业教学资源库等方式使其他院校分享学院优质教学资源和建设成果。

利用资源和技术优势开展面向社会培训的服务，主要包括计算机操作技能培训、办公软件培训、计算机网络技术、网络安全管理等。搭建信息技术实训基地，面向行业、企业、社会开展各类技术服务、技术培训和成果转化。

2. 专业群建设

以计算机网络技术专业的建设为基础，辐射带动计算机应用技术专业、数字媒体应用技术、电信服务与管理等专业群的建设。通过计算机网络技术专业的示范性专业建设把这些专业组织起来，形成良好的合作和学习关系，互相学习，共同发展，促进整个专业群建设水平的提高，从而促进各专业学生能力的提高。

在人才培养模式和专业建设思路方面，专业群进行充分交流，充分利用重点专业的教学资源，建立"以服务为宗旨，以就业为导向，与生产实践相结合"，注重学生实际生产岗位技能培养，具有各自专业特点的人才培养模式。形成各专业自己的专业特色和各自的优势，专业体现随市场人才需求应变的特点。

依托计算机网络技术专业校企合作平台，组建专业群科技服务团队，校企共同开发项目，提高专业群教师团队的对外服务能力，打造双师结构专业教学团队，整体提升专业群人才培养质量，打造省级开放性实训基地。

七、旅游管理专业

（一）优化人才培养模式

依据铜仁及周边地区旅游业的人才需求及岗位职业资格标准，结合学生职业生涯发展，建立以"同创同学、协同育人"为人才培养理念、"淡旺季分季教学"为教学模式、"模块化"为课程体系特征，积极探索"现代学徒制"，同时以"四双（校企双授课、双指导、双监控、双评估）"为手段的"多段式"教学模式（三学期校内基本知识学习与技能训练，一学期企业岗位实际操作技能训练，一学期校内管理知识学习与能力训练，一学期企业管理能力训练）。

1. 引入行业（企业）标准

通过深入铜仁及武陵山区旅游行业、企业进行调研，全面了解旅游酒店行业的职业标准，理清导游、旅行社、酒店、景区等一线工作岗位的内容与技术标准，形成专业办学标准对接区域旅游产业、行业的职业标准，核心课程对接相关工作岗位技术标准，构建具有武陵山区特色的旅游人才培养标准。

2. 推行人才分层培养、着力培养杰出人才

学院现有高职旅游管理专业、五年制高职旅游管理、中职旅游服务与管理、中职酒店服务与管理专业。

1）按照生源结构分层，组建从中职到高职再到本科的学习通道。按照行业与就业要求分层，组建具有行业分类特点的"导游班（培养技术技能型人才）、旅游策划班（培养专升本的旅游策划与管理人才）、高星级酒店班（培养基层服务与管理者）"。即学生完成第一学年的教学计划后，专业教师根据学生个人的未来发展规划、兴趣特点、学习成绩等因素，在充分尊重学生个人意愿的基础上，将学生编入相应班级，开展具有倾向性的学习，从而更加充分挖掘学生的优势特点，培养更多的合格人才。

2）全面推行校企双培养，企业全面参与学生的培养工作。切实形成技术技能型、知识储备型、创新创业型的杰出人才分层培养机制。

3. 创新人才培养机制

结合社会人才需求和就业岗位要求，从人才培养方案专家组的组成、行业人才需求和职业岗位能力调研、形成工学结合课程体系；从人才培养方案编制到课堂教学、现场教学、顶岗实习与毕业设计指导、毕业答辩，全过程引入企业专家的全程参与。根据企业人才需求，建立"同创同学、协同育人"的人才培养模式；与旅游企业合作，以"淡旺季分季教学"为教学模式组建特色班进行订单培养；与企业共同制订教学计划，根据企业对学生职业能力的要求培养学生的专业技能，建立"模块化"课程体系；依托紧密型校企合作，积极探索"现代学徒制"，不断提高人才培养的质量与水平。

4. 创新创业教育、关爱学生成长成才

1）开展专业创新创业课程、讲座，指导学生参加各级创新创业与职业规划大赛，撰写创业计划书；同时，鼓励学生加入武陵科学技术协会，依托协会开展形式多样的创新创业活动，并纳入学分管理，引导学生积极参加创新创业与实践活动。

2）鼓励学生申报学生创新创业科研项目，调动学生的主观能动性，引导学生积极思考与了解社会、政治、经济及科技发展动态，培养学生的创新创业意识，提升学生创新创业与实践的能力。

5. 质量保证及评价机制

按照铜仁职业技术学院的内部质量保证体系与现代职业教育的"诊改"思想，明确各主要教学环节的质量标准，规范教师的教学行为，引入质量意识，制订专业的质量保证措施，实现专业教学质量管理的经常化、规范化，推进校企共育人才的有序进行。

建立人才培养质量评价体系。建立由学校（校内指导教师）、行业组织、企业（带教老师）、学生、家长、第三方评价机构组成的人才培养质量评价委员会。从人文素养、沟通能力、语言表达能力、职业素养、学生校内成绩、校外跟岗状况、学生成果等指标对学生进行客观的综合评价。建立专业的自我诊断与改进机制，每年开展在校生学习成果评价和毕业生跟踪调查，形成在校生学习成果评价报告、毕业生跟踪调查报告、专业自我诊断与改进报告等，制定改进措施并落实。根据旅游产业不断发展变化的需要，及时调整专业办学方向，开展课程建设，切实保证人才培养的实用性、针对性、前瞻性。

6. 完善人才培养方案

由行业专家、企业技术骨干、专业带头人、专业骨干教师等组建专业建设指导委员会，定期开展专业建设指导委员会会议；在行业、企业调研，毕业生跟踪调查，用人单位及实习单位调研的基础上，对专业人才培养方案、专业发展方向、专业课程改革、实训基地建设、师资建设等进行指导和顶层设计；制定旅游管理"同创同学、协同育人"的人才培养模式，探索"淡旺季分季教学"的教学模式。根据行业发展趋势及时调整完善人才培养方案，形成产业升级发展与人才培养方案的动态调整机制。

（二）师资队伍及教学团队建设

1. 专业专任教师及其发展

引进具有全日制硕士学位的专任老师 2~4 名，按照学院教师发展规划要求，鼓励教师积极提升学历、晋升职称；支持专业教师开展基于微信公众号、微课、翻转课堂等课堂教学改革，支持行业、企业兼职教师提高教学能力，重点打造高水平的专业师资队伍，建立教学科研交流机制，形成团队协作、敬业向上、和谐共进的工作氛围，打造以企业大师和教学名师为引领、专业教师和企业能工巧匠为支撑、具有国际视野的教育教学"双师型"、社会服务"专家型"的教师队伍。

2. 专业带头人

按照学院专业带头人的评选与管理办法，落实完善旅游专业带头人管理措施，通过考察学习，开阔视野，更新观念；通过参加国内学术交流、职业教育研讨会、高职院校考察学习，形成学习或考察报告，深化职教理论认识；通过承接横向课题，培养旅游管理专业带头人 1 名；与企业合作开发新产品、新服务、新管理，并承担 1 项市级以上级别的科研项目，提高技术开发能力；主持实训基地建设、课程建设、教学改革等，完成 1 门精品课程或 1 门核心课程的建设任务，指导中青年骨干教师提高其教学及组织能力；通过对区域旅游产业发展和人才需求的调研，完成调研报告的撰写和人才培养方案的修订等工作，提高专业顶层设计的能力。

3. 骨干教师

按照学院骨干教师的管理办法和规定，完善旅游管理专业骨干教师的建设与管理办法，培养 2 名中青年专业教师为骨干教师，进一步明确骨干教师的工作职责、选拔标准、津贴待遇等，发挥骨干教师在专业建设中的作用。

4. 双师素质教师

完善职业资格与经历并重的双师认定管理办法、双师工作过程与工作实效并重的双师考核办法，通过学习锻炼、挂职任职、参与横向课题研究和技术服务改造升级等多种方式，不断提高教师的专业实践能力、科研能力和社会服务能力；聘请旅游行业、企业资深专家，能工巧匠来校指导，打造旅游管理专业一流"双师型"教师队伍，确保双师素质教师比例达到100%。

5. 兼职教师

按照学院兼职教师管理制度，从旅行社、酒店、景区、会展等企事业单位邀请专家建立兼职教师资源库，对现有兼职教师队伍的结构进行调整优化，新增5~8名符合工学结合需要的、技术过硬的能工巧匠作为兼职教师，强化兼职教师教学指导与管理，不断提升教学能力。

6. 教师企业、行业实践能力的提升

按照《铜仁职业技术学院教师下企业挂职锻炼管理办法》和《铜仁职业技术学院"双师素质"教师认定和管理办法》，确保教师实践能力的提升。支持教师联系一家以上与自己业务背景有较强关联的企业，每年需累计开展不少于2个月（60天）的企业（行业）实践锻炼，每年组织教师到校内外实训基地进行挂职锻炼。通过企业挂职锻炼、进修培训、行业交流等方式，提升和优化教师团队，促进教师快速成长。

7. 教学团队建设

在三年建设期内，通过学历深造、专业培训、职称晋升以及国际合作交流等方面促进教师水平的全面提升。培养专业带头人1名，新增外聘教师5~8人，新增骨干教师2名，新增双师素质教师3~6名，使双师素质教师比例达到95%以上，引进具有全日制硕士学位的专任老师2~4名。师资力量进一步增加，具有行业资格证的副高以上教师比例达到50%，形成素质高、教学科研能力强、具有良好合作精神和改革创新精神的专兼结合"双师型"教学团队。

（三）课程建设

依据岗位能力需求和职业标准，完善课程体系建设。结合地区旅游对人才的需求及职业资格标准，组织旅游企业相关岗位管理人员进行研究分析，明确培养岗位、工作任务、任务领域及能力需求，再根据能力要求进行归类，形成适宜于"淡旺季分季教学"的课程体系，见表6-20。

表6-20　旅游管理专业主要课程表

目标		第一学年	第二学年		第三学年	
		入门	入职		入职	
目标定位		学习专业基础理论知识	导游、旅行社实践能力	酒店一线实践操作能力	旅行社、景区基层服务管理人员	酒店基层服务与管理人员
课程体系	专业课程	旅游学概论、旅游公共关系、旅游政策与法规、旅游英语、经济管理学原理	导游基础知识、导游业务、模拟导游、计调业务	前厅管理、客房服务管理、餐饮管理、酒水服务管理	旅游信息系统管理、旅行社管理、旅游人力资源管理、景区管理、市场营销与策划、旅游企业财务管理	酒店管理实务、酒店督导工作技巧、酒店人力资源管理、市场营销与策划、形象与策划、旅游企业财务管理
	职业基础选修课	中国旅游地理、旅游美学、旅游心理学、食品营养与卫生、普通话、形体训练				
	公共课	大学英语、计算机基础、毛泽东思想概论、思想品德修养、体育与健康、应用文写作、职业发展与就业指导				

1. 精品在线课程建设

按照职业教育课程改革新理念、新思想，以职业岗位所需的知识和技能为切入点，以校企合作开发为途径，以实际工作过程为线索，力争将《全国导游基础》《形体礼仪》《旅游市场营销》《旅游电子商务》建设成为精品资源在线开放共享课程，实现线上共享。

2. 优质课程建设

以工学结合课程建设的思路，按照以服务为宗旨、以就业为导向的指导方针，突出职业能力培养，将《餐饮服务管理》《景区服务与管理》建成优质核心课程，通过优质核心课程建设带动专业课程建设。

3. 特色课程建设

构建有利于学生个性化发展的特色课程，以满足不同学生的个性化需求，挖掘学校资源优势，力争将《乡村旅游开发》《铜仁地接导游》建成特色课程。

4. 微课建设

按照人才培养模式，依托岗位典型工作任务，梳理提炼具有代表性的基于工作过程的项目，进行微课建设，完成微课建设任务6个。

5. 教学资源库建设

开发基于旅游行业岗位能力课程的专业资源库，形成覆盖铜仁乃至整个武陵地区的网上学习平台，为毕业后的学生、行业、企业员工及社会学习者提供帮助；专业资源库涵盖行业标准库、专业教学标准库、课程资源库、教学素材库、职业资格证书培训库，通过专业资源库的建设，力争建设3门精品资源课程、2门优质课程、2门特色课程。

6. 教材建设

结合专业教学实际，组织教师修改教学课件、教案，选择与专业核心要素有关的基础理论知识，打破原来的学科体系，按照基于工作过程的系统化要求将职业岗位能力所需的基础知识、专业基础知识和专业技能重新组合，搭建成新的内容框架，建设《铜仁地接导游》《乡村旅游开发》《餐饮服务管理》《旅行社经营管理》4门校本教材，争取公开出版教材1部。

（四）进一步加强实训基地建设

1. 校内开放性实训基地建设

（1）建立仿真导游实训室

建立旅游虚拟仿真实训系统，利用多媒体互动式视频教学软件，建设铜仁特色旅游景区和名人文化馆沙盘，提供行业认知、职业环境、旅游过程情景仿真体验，通过集声、光、电于一体的半环绕式展示屏多媒体设施实现真实旅游环境的虚拟仿真实训，训练学生的导游讲解技能。

(2) 建设校内旅行社生产性实训室

搭建校企合作平台，建立校内旅行社，通过引进先进的旅行社信息管理系统建设全真的校内生产性实训基地。旅行社建立有外联、计调和财务等部门，为学生开展组团和地接等旅游服务创造条件，在服务中提高学生导游业务能力和旅行社管理能力。

(3) 建设仿真酒店实训基地和茶艺与酒水实训室

为学生的酒店实训项目提供场所，配备客房服务、中西餐服务、前厅接待、酒水实训、咖啡制作等实训设施，在实训的过程中提高学生客房、餐厅的服务技能，从而达到校内工学结合的目的。

2. 建立适宜专业教学的校外实训基地

进一步与旅行社、星级酒店、特色休闲农庄、景区等旅游企业加强联系，按照互惠互利原则，建立稳定的校外实习基地，建设7个紧密型企业、新增9~11个校外实训基地，在原来校外实训的基础上最终形成15个知名校外实训基地，以满足专业经常性实习的需求，共同为旅游高技能人才培养而努力。

（五）进一步提升社会服务能力

依托旅游专业师资，为铜仁及周边地区旅行社、景区、酒店等的从业人员进行服务，年培训600人次以上；为相关从业人员进行素质和业务能力提升培训及相关职业资格证的考前辅导，年培训人次100~200人次。

八、护理专业

（一）优化人才培养模式，创新育人机制建设

1. 引入企业、行业标准

为了准确定位护理专业的培养目标，通过深入各级各类医院、社区卫生服务中心等进行广泛调研，根据护理工作任务和护理工作过程，参照护士执业资格标准完善人才培养模式，优化课程体系，修订课程标准，实现专业与

行业岗位对接、课程内容与职业标准对接、人才培养方案与国家职业资格标准对接，这样的人才培养规格才能更加适合行业的需求。

（1）完善人才培养模式，提高人才培养质量

建立由教育专家和行业专家组成的护理专业指导委员会，定期开展研讨会，负责指导专业建设和人才培养方案的制定与修订等决策性工作；建立由护理部主任、教务科、教研室主任组成的教学管理委员会，共同负责顶岗实习学生的管理和基地教学工作的具体实施与监控。

护理专业指导委员会统一协商，修订《护理专业指导委员会章程》《学生顶岗实习管理办法》等管理制度，明确校院共同培养人才的职责和义务，使人才培养方案顺利实施。构建理论和实践相融合、学校和医院相贯通的教学体系，实现教学环境与职场环境的统一；教学工作过程与护理工作过程的统一；理论学习与临床实践的统一。进一步完善"1.5+1+0.5"新三段式教学运行模式，规范学生的教学实训实习，提升学生的职业能力，达到校院合一，从学生入学到就业的全过程育人的目的。

"1.5+1+0.5"新三段式教学运行模式如下：

1）第一段：第一、第二、第三学期在校内学习护理专业基本理论知识、基本技能、基本态度，完成行业能力课程和部分护理岗位能力课程的学习；素质教育贯穿教学过程的始终。在模拟或仿真环境内开展项目任务课程教学，以护理岗位所需要的技能来引导教师的教学和学生的学习，并对学生进行就业教育。

2）第二段：第四、第五学期在实习医院进行顶岗实习，使学生学会运用护理程序实施整体护理，实现与就业岗位的无缝对接。

3）第三段：第六学期在校内完成能力拓展课程学习、专业技能考核、个案护理书写和答辩、护士执业资格考试及创业教育。

"以用导学、工学结合"新三段式人才培养模式（见图6-6）是以就业为导向，把护理专业的岗位能力课程及拓展课程融入护理实训实习教学模块之中，实施理实一体化的教学，形成"体现整体、突出护理、强化能力"为特征的新型课程体系，形成对接地方服务的人才培养模式。通过项目驱动式教

学培养能实现零距离上岗的学生，为学生服务；通过模块项目培训医院新上岗和转岗的员工，为医院服务；与医院临床工作人员合作，共同开发本专业教学资源，为社会服务。

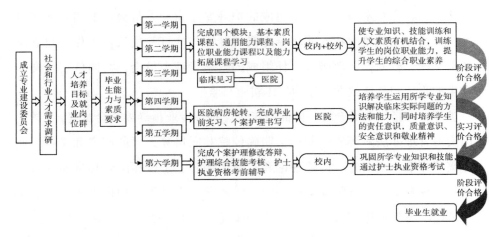

图6-6　"以用导学、工学结合"新三段式人才培养模式

（2）优化课程体系

1）进行市场调研，了解护理专业教育与护理行业之间的差异点，掌握护理行业需求和护理岗位需求。

2）院校双方确定护理专业人才培养目标、人才培养规格要求，并组织临床一线护理技术人员、教学研究人员、具有护理专业实践经历的教师对人才需求、专业定位进行论证，确定护理工作岗位职责、任务、流程、方法。

3）围绕"促进健康、预防疾病、协助康复、减轻痛苦"的人才培养要求，依据护理职业行动能力要求，对护理专业的课程体系进行梳理、归类、整合，并按照项目任务的逻辑关系设计课程体系。

4）院校双方对"项目任务型"课程体系进行研讨，确认项目任务与岗位的实际符合度。

护理专业"项目任务型"课程体系（见图6-7）包括素质教育课程、行业能力课程、岗位能力课程和能力拓展课程四部分，其中素质教育课程占总学时的23%、行业能力课程占总学时的20%、岗位能力课程占总学时的50%，能力拓展课程占总学时的7%。理论教学时数与实践教学时数之比约为1∶1，保证职业能力培养目标的顺利实现。

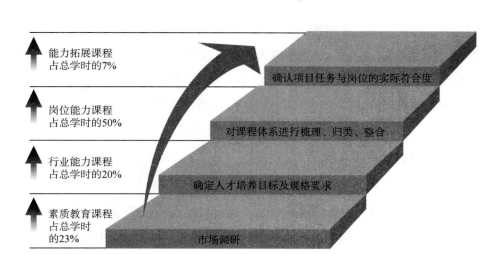

图6-7　护理专业"项目任务型"课程体系

2. 推进人才分层培养、着力培养杰出人才

分层培养是适应社会多元化人才需求，满足学生多样化成长需要，提高人才培养质量的应时之举。推进人才分层培养，以突出培养学生的创新精神和实践能力为核心，以职业素质培养和专业技能培养并重，注重学生实践能力提高的同时，尊重学生的个性发展，为学生提供多样化的发展通道。学院根据专业特点和学生就业、创业或继续深造的需要，确立了升学型、技能型两类人才培养方向，为升学型即专升本学生提供必要的课程学习平台和"技能型"学生提供实践教学平台，促进学生在素质和专业技能方面的全面提高，实现专业杰出人才的培养目标。

（1）专升本学生的培养

对专升本学生实行"宽口径"报名，满足学生通过专升本考试获得进本科院校继续深造的机会，激发学生对升学的渴望。为切实做好专升本学生的备考工作，提升专升本工作的质量，成立专升本辅导工作小组，根据考试要求制定详细的考前辅导实施方案及相应的管理制度，进而提高学生的升学率。

（2）技能应用型人才培养

护理专业以培养高级技术应用型护理人才为目标，加强护理操作技能训练是人才培养过程中的一个非常重要的环节。通过制定与培养目标相匹配的专业教学计划，制定实训教学大纲，制定护理操作技能考核细则，改革教学方法，改革考试方法，以"理论带入实践"为指导；通过开展护理技能大赛，组织学生参加省、国家级护理技能大赛，积极引导学生自主结合护理课堂理论知识，转化运用到护理技能实战中，提高学生实践热情，增强综合技能和创新能力，培养护理技能应用型杰出人才。

3. 创新人才培养机制

（1）成立新一届护理专业建设指导委员会

建立院校共建、共管的运行机制，健全院校合作、工学结合的组织体系和管理机制，保障理论实践一体化教学正常进行，由此构建由行业、医院护理专家组成的新一届护理专业建设指导委员会，使其成为"院校联动，工学结合"的纽带和桥梁。强化教学基地教学管理的组织建设，健全相关管理制度，为工学结合的教学组织与实施提供保证。

（2）探索和实践护理专业"四共建、三融合、二接轨、双循环"院校合作办学机制

建立健全院校共建、共管的院校合作、工学结合的运行机制，进一步探索和实践"四共建、三融合、二接轨、双循环"院校合作模式（见图6-8），其中，"四共建"是指共建师资队伍、共建实训基地、共建人才培养方案、共建课程；"三融合"是指医院、学院、学生三位一体；"二接轨"是指与市场接轨、与行业接轨；"双循环"是指工学结合双循环，实现理论与实践的深度融合。

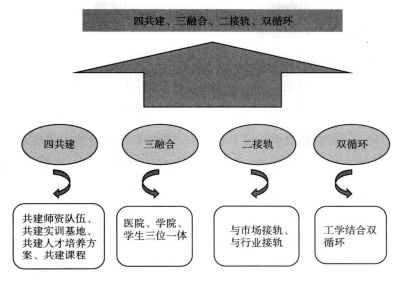

图 6-8 "四共建、三融合、二接轨、双循环"院校合作模式

4. 创新创业教育、关爱学生成长成才

根据护理专业实际，在大健康产业、医养结合背景下，强化学生职业精神、实践能力、创造能力、就业能力和创业能力培养，以提高毕业生就业质量。

1）成立"护理专业创新创业工作领导小组"，健全相关制度。

2）将创新创业教育纳入人才培养方案，贯穿整个学业生涯，在专业课程教学和社会实践中渗透创新创业思维，通过开展创新创业大赛、5.12 护理技能大赛、SYB 创业培训、创新创业讲座等，培养学生的创新创业观念和精神。

3）创新课程内容，结合近年来护理领域向社区、老年、育婴等方向发展，针对专业课程，专业课教师在专业教学中启迪创新思维，激发创业梦想。如在老年护理学课程中介绍我国老龄化和慢性病康复的现状、国内外养老院和护理院的需求与运营现状、养老事业的前景等情况，鼓励学生进一步去探索养老创业，并提供相关支持。

4）创新创业实践基地的建设。开辟校外资源，建立"大学生创新创业实践基地"，以护理学专业课程学习为基础，结合医护发展理念，充分利用社区医院实践平台，提高护理学学生创新创业的理论知识和实践能力，从而提高其创新创业的可能性和成功率。

5. 质量保证及评价机制

（1）建立院校共管的课程教学过程保障体系

在护理专业建设指导委员会的指导下，专任教师和医院的护理专家共同研制《护理专业建设指导委员会章程》《护理专业教学管理工作规范》，明确专兼职教师的职责、临床教学运行的保障措施、护理专业与教学医院护理部的教学管理细则。严格按照人才培养方案落实学年教学计划，共同开发课程内容、审定课程目标、系统设计课程单元，推行"任务驱动"式教学模式。注重教学过程管理，在学院质量监控体系的基础上，充分发挥数据平台的管理和监控功能，完善适合护理专业的三级质量监控组织。护理学院教务科严格根据开设课程情况，细化教学医院、校内实训中心的教学运行细则，做好统筹安排，与各医院护理部和相关临床科室共同制定具体的实施方案，确保医院教学的顺利开展。

（2）院校共建考核评价体系

引入卫计委颁布的护理行业标准、临床新技术规范，由专兼职教师共同制定护理专业考核评价方案，注重教学过程评价和医院综合评价。护理专业核心课程的考核项目包括单元测试、病案分析、操作考核、理论考核等。顶岗实习期间，每个科室实习结束时设置综合能力测试项目，要求学生完成一名指定患者的护理，包括收集疾病信息、分析患者存在或潜在的健康问题、制定护理计划、实施护理计划、评价护理效果，由专兼职教师共同对学生进行考核与成绩评定。

（3）建立院校共管的顶岗实习质量保障体系

完善以医院管理为主、学校全程参与的实习教学管理模式。

实习医院建立护理部、临床科室二级管理制度，护理部负责实习带教老师的选拔和带教业绩考核，指定专人具体负责实习生的教学和日常管理，其主要任务包括：组织实习生的岗前教育；根据与课程衔接的实习大纲要求，做好实习生分组与科室轮转安排；组织制定与实施实习期间的大讲课与小讲课；检查各科室实习带教与考核情况；定期组织实习生座谈，收集学生实习过程中的工作、学习和生活问题，及时与相应科室和学校反馈并合理解决；收缴毕业实习鉴定表，组织毕业技能考核和理论考核，评定实习成绩等。

教务科负责随时与护理部联系，协调实习生分配、管理；负责与各医院护理部根据实习大纲的要求，结合各实习医院的实际情况，制定实习方案，并协助选拔实习带教老师。专任教师实行分片包干管理实习生，每个实习基地由校内指导老师建立 QQ 群，随时与实习学生进行沟通，发现问题随时解决；负责每月与实习医院联系一次，了解实习动态；每年巡回检查一次，实地与带教老师、实习学生沟通，及时解决实习过程中存在的各种问题，并获取临床最新信息，为校内教学改革提供依据；实习结束前与实习医院临床教师共同对学生进行综合评价。

(4) 建立院校共同参与的专业评估机制

将专业培养目标定位、校企合作的课程建设、教学团队建设、实训实习基地建设、学生见习与实习情况、生产性实训完成比例、毕业生就业率、专业对口率等作为专业人才培养工作考核指标，每年由院内外专家共同对专业进行评估，切实保障"以用导学、工学结合"的"1.5+1+0.5"的人才培养模式的实施，全面提高人才培养质量。

6. 完善人才培养方案

每年开展护理专业岗位调研，分析并确定护理专业的主要就业岗位、岗位能力要求、典型工作任务，校院双方共同调整专业人才培养目标，确定人才培养规格，并根据社会经济发展和临床护理需求细化专业方向（社区护理、老年护理、急救护理），逐渐达到专业对应岗位的目的。充分发挥校企合作和专业带头人的作用，每年定期召开 1 次人才培养方案调研、论证会，完善人才培养方案，提高学生的双证通过率和对口就业率。

（二）师资队伍及教学团队建设

1. 专业专任教师及其发展

鼓励专任教师学历提升，并充分调动专任教师教改教研及科研的积极性。

积极鼓励其外出进修，提升教师专业水平。鼓励教师参与临床实践，使教师由单一的教学型向教学、临床实践一体化的"双师型"目标转变。通过三年建设，培养专业带头人1人、骨干教师5人、新增双师素质教师4人、兼职教师3人。

2. 专业带头人

从学院具备副高及以上职称的护理专业人员中选拔1名教师作为专业带头人培养对象，负责专业建设、引领专业方向、指导课程体系建设和课程标准制订、指导实训基地建设、培养骨干教师，使专业在目标定位、发展规划及日常教学与科研工作上，均能体现专业的前瞻性、特色性及科学性。通过国内外学习、培训，参加有影响的国内外学术会议、开展国内项目调研等工作，使其掌握国内外临床护理及护理教育发展新动向，提高在国内护理专业领域的影响力。

3. 骨干教师

选拔5名教学水平较高、科研能力较强、具有讲师及以上职称的教师进行培养。通过分批到国内高校研修及职业资格认证等方式，吸收先进职教理念，跟踪专业发展动态，学习先进技术；落实双师双向交流制度，骨干教师到合作医院参加工作实践，了解医学动态和护理新进展，提升护理实践能力和授课水平；参加高职研讨会和各种经验交流活动，提升专业建设和核心课程开发能力。

4. 双师素质教师

有计划地安排4名专任教师带薪到行业挂职锻炼半年，要求每个教师积极参与所在挂职单位的技术创新和研发，提升实践能力，把校企合作落实到每位专业教师；组织专任教师参加职教理念培训、教学能力培训及职业资格认证，开展各类教研活动，整体提升专任教师的教研能力、专业技术职称及职业资格等级；鼓励教师参与各种专业学会、协会，每位教师每年参加临床护理、护理管理类学术性活动不少于1次，使护理专任教师及时和临床接轨。

5. 兼职教师

从合作医院中选拔具有中级及以上职称、临床一线工作 5 年以上的医护人员 3 名，作为新增兼职教师，承担专业核心课程部分的课堂教学任务；负责学生教学实习、医院顶岗实习期间的现场指导和带教工作。加强对护理专业兼职教师的管理，分期分批开展护理教育、教学方法和职业教育理论培训，执行兼职教师试讲制、聘用制，要求兼职教师定期参与校内对应教研室的教研活动，坚持听课、评课，共同提高。

6. 教师企业行业实践能力提升

加大对专任教师临床实践能力培养的力度，有计划地安排专业教师进入临床，要求工作 5 年以内的专业教师，每年到临床岗位集中锻炼时间不得少于 30 天；工作 5 年以上的专业教师，每年在企业岗位锻炼（技术服务或技术指导）累计不得少于 30 天。

7. 教学团队建设

通过校院合作的方式，以专业带头人、骨干教师、青年教师和兼职教师培养为重点，共建专兼结合的教学团队，提高护理专业专职教师的临床实践能力，提高临床护理兼职教师的护理教学能力，从而提升教学团队的整体水平。突出教学团队的梯队建设，发扬传、帮、带作用，加强青年教师培养，形成数量充足，结构合理、德技双馨的专业教学团队。通过三年建设，组建 1 个优势明显、成效显著的院级专业教学团队。

（三）课程建设

1. 精品在线开放课程建设

加强精品在线课程建设，通过三年建设，建成《传染病护理》《外科护理》《内科护理》院级精品在线开放课程，完善课程标准、授课计划、课程考核标准、电子教案、教学图片、微课等教学资源。

2. 优质课程建设

通过科学设计课程情境，制定课程建设方案，申报《儿科护理》《妇产科护理》院级优质课。通过三年建设，建成《儿科护理》《妇产科护理》2门院级优质课程。

3. 特色课程建设

组织开展《急救护理》1门特色课程开发与建设，制定特色课程建设计划书，补充教学单元设计方案、课程实施方案、课程考核标准、教学图片、电子课件、习题等教学资源。

4. 微课建设

启动5门核心课程及1门特色课程微课建设，各有5个以上的微课视频，每年度推荐其中的1~2个参加院级微课比赛。

5. 教学资源库建设

充分实践"以学生为中心，终身学习"的教育理念，由护理专业教师和行业专家组成专业教学资源库建设团队，搜集整理相关案例素材，重点建设行业信息库、基本技能规范操作视频、试题库等数字化专业教学资源，实现护理技能视频全覆盖、核心课程网上自测全覆盖，搭建一个集空中课堂、模拟教学、远程教育功能为一体的教学资源共享平台，为在校师生、毕业学生及其他社会成员提供一个互动交流、自主学习、资源共享的多功能平台。

6. 教材建设

专任教师与医院护理专家合作，共同开发便于学生学习的实用性校本教材，丰富学生的学习资源，再经过专家论证和学生反馈，不断进行修订。通过三年建设，出版《正常人体结构》《急救护理技术》《基础护理技术实训指导》《临床课程实训指导》工学结合校本教材4部。

（四）实验实训基地建设

1. 校内实验实训基地建设

在学校现有实训设施的基础上，购置先进的教学仪器设备，使实训项目尽可能和临床接轨。在现有的基础护理实验室和模拟病房的基础上，新增外、妇、儿、基础护理仿真实训室，力争三年内建成一所高标准、设备完善、符合工作岗位真实情境的融教学、科研、培训、竞赛功能为一体的具有综合实训功能的校内仿真实训基地。

2. 校外实训基地建设

充分发挥实习基地的优势,为专业教学实现教学过程与临床实践"零距离"对接提供保障。进一步完善教学和实习管理制度,编写实习标准,由专人负责,定期召开教学工作会议。根据专业培养方案修订实习大纲和实习手册,加强实习过程全程监控。建立院-校师生反馈联络网,形成系统、完整、规范化的校外实习基地整体管理模式,三年内新增校外实训基地 2 家。

(五) 科学研究及社会服务能力建设

1. 科研规划

全面提高教师科研意识,培育科学研究行为;完善科研考核奖励制度;加大科学研究的投入力度;强化对科研的组织管理,力争完成一批有一定水平的科研成果,在教育理论研究、教学改革等方面实现新的科研发展亮点,通过 3 年科研建设争取在课程与教学论领域形成本专业的科研特色。

2. 科研项目

在学院教师科研规划的基础上,结合专业实际,拟定护理专业教师科研三年行动计划。骨干教师每年申报 1 项院级课题,每两年申报 1 项市级或参与申报 1 项省级课题;专业带头人每两年完成 1 项市级课题或申报 1 项省级以上课题。专业教师每两年参加 1 项院级以上课题。共申报院级课题 6 项,市级课题 3 项,省级课题 1 项。

3. 社会服务能力

(1) 技术服务和培训

以护理实训中心为平台,扩大学校的社会服务功能,承担各级护理职业技能的培训任务,为相关校外人员提供专业护理知识培训 1 000 人次左右。开展新护士岗前培训、在职护理人员的新技术培训、急救护理培训、ICU 护理培训,规范护理技术操作,提供各项标准化技能训练;开展健康知识宣传与急救护理技术培训以及乡村护士培训等。

（2）面向合作行业开展技术支持

与合作医院的护理部门合作，承接横向课题1项，规范护理技术操作5项，与铜仁市教育局合作承办市级护理技能大赛。

（3）职业技能鉴定

鼓励和培养专业教师考取相关专业职业技能鉴定考评员证书，大力开展职业资格鉴定，承担培训与鉴定任务，利用校内实训基地为社会提供"养老护理员""育婴师"等职业技能鉴定服务，开展社会培训及职业技能鉴定。

（六）辐射带动及专业群建设

1. 辐射带动作用

通过护理专业的建设，辐射带动集团学校护理专业的发展。选派骨干教师到受援集团，学校帮助对方进行专业建设、课程建设、教材建设和实训基地建设工作。

2. 专业群建设

通过护理专业的建设，带动助产专业的发展。通过3年建设，培养专业带头人1名、骨干教师2名、双师素质教师3名，新增兼职教师2名，建成优质课程1门。

（七）国际交流与合作

1）加强与职业教育发达国家的交流与合作。探讨合作办学机制以及共建课程体系。

2）选派2~3名骨干教师送到国外研修，学习国外先进的护理理念、教学方法、护理新技术，促进国际护理交流与合作。

3）选拔理论知识扎实、英语基础好的学生进行外语培训，到国际合作院校交流学习。

第七章 科研与社会服务建设路径

优化整合学院区域性优势产业工程中心、研究中心、研究所及生产性实训基地等教学、科研与社会服务平台，形成区域性协作创新平台或孵化基地，培育教育培训、技术攻关、产业服务优势团队，激活师生科学研究与服务社会的内在活力，提升学院人才培养、科技开发、技术服务和政治文化服务能力，把学院建成武陵山片区科技中心和人才支撑基地，形成一批具有区域性支撑作用的科技服务平台、产业支撑团队和产业核心技术成果。

一、平台建设

（一）科研平台建设

充分整合学院"民族中兽药分离纯化国家地方联合工程中心"、贵州省生态畜牧业人才基地、国家茶产业体系铜仁茶叶综合试验站、贵州省专业技术人员继续教育基地等科学研究、示范基地和教育培训基地优势，针对武陵山片区民族中兽药、民族中医药、食用菌、山地农业等优势产业，根据人才服务、技术服务和政治文化服务需要，通过与校外科研院所以及企业联合，构筑协同创新平台，联合开展创新，形成国家、省、市、校的四级创新平台，形成开放性的科学研究与社会服务体系，开展科技实体的创建和市场化运作的探索，加速科研成果转化，为区域经济发展提供科学研究与社会服务平台支撑。增强国家工程中心功能，在现有分离纯化、分析检测、药物制剂、微生物发酵4个研究室的基础上，开发有机合成、药理毒理、饲料添加剂、工程化试验、中药材种植研究室。

（二）社会服务平台建设

充分利用学院优质教学资源，整合"120技术服务平台"等社会服务与社会培训平台，积极开展多种形式的专业岗位培训、职工技能培训，与企业深度合作开展企业人员职业能力的系统化培训，努力打造和培育具有学院特色的培训平台，建成现代职业教育培训基地。

充分利用学校的优质办学资源和办学特色，进一步稳固与遵义医学院、中国农业大学、贵州大学、贵州财经大学等高校的良好合作办学关系，积极拓展与贵阳中医学院、贵州理工学院等开办康复治疗学、土木工程等成人本科专业，发挥成人学历教育函授站辐射作用，积极稳妥地发展成人学历教育。根据铜仁市经济社会发展需要，科学设置专业，适时调整专业方向，重点办好农牧技术、制药技术、医疗技术等专业群。

紧紧围绕市委市政府"大健康、大数据、大生态"发展思路，依托贵州省专业技术人员继续教育基地、贵州省高技能人才培训基地、贵州省生态畜牧业人才基地、国家茶叶综合试验站等服务平台和"校县合作"办学机制，充分发挥学院资源优势，拓展校企合作空间，主动对接行业、企业和乡镇，举办职工转岗、就业能力及实用技术培训，提高企业员工和乡村技术人员的业务素质，培养高素质技术型、技能型、技艺型人才，为我市特色产业发展提供人才支撑。

携手大兴工业园区电子商务产业基地和大龙微软实训基地，创办电子商务学院，积极为企业培训电子商务人才，促进铜仁市电子商务产业的健康发展。

依托学院科研与社会服务团队优势，根据地方产业发展需求，通过建立智库、智囊等形式，为政府提供咨询、信息和科研等形式的服务。

依托贵州省第三十五国家职业技能鉴定所、农业农村部特有工种职业技能鉴定站、各专业实验室和校内外实训基地，开设多个职业工种培训，承接社会各种层次的鉴定培训。

依托国家汉语水平考试考点（HSK）服务学院开展国际交流与合作，吸引更多的外国学生来学院进行汉语学习，进而招收留学生进入专业学习，不断扩大学院的国际影响力。

二、团队建设

实现科技创新和技术服务的核心是人，没有学科带头人和学术骨干组成富有创新精神和能力的优秀群体，要想实现科技创新和技术服务是不可能的。

现代的科学技术研究更多地走向综合化、大型化，当代科学的内在发展趋势是学科间不断交叉、综合和相互渗透。这种趋势不断产生一些新的学科、新的领域。这些新的学科领域正是创新的前沿阵地，也是竞争最激烈、最能带动经济和社会发展的领域。现代科学研究与技术开发往往需要多学科、跨学科合作，需要大兵团作战和合作攻关。只有通过科技团队建设，才能有效地组织起一支又一支学术队伍，合理配置人才资源，并在从事研究的过程中培养、锻炼他们的创新意识、管理能力、团队精神，提高他们的业务水平，造就一批又一批学术带头人和优秀群体。这样才能有效地稳定科研队伍，统一研究方向，凝聚学术力量，使科学研究能够纵向深入，横向融合，得以可持续发展，建设成有特色的优势学科。

为此，依托专业优势，根据地方经济发展需求，具体建设相关科研服务团队。通过3年建设，动态监控，形成21个有特色的科研与服务团队。

科学研究与社会服务平台立足于铜仁市产业发展的关键技术、核心技术以及社会发展等重大问题，广泛开展技术开发与科学研究。未来3年，每年科研到位经费达到200万元以上，每年教师或师生联合申报专利数达30项以上。

三、科研与服务机制建设

（一）创新科研与服务模式

将科研与服务根植于人才培养和产业发展中，积极探索和创新服务模式，为区域经济发展服务。

1）立足于地方优势产业，以农村实用技术研究和推广为载体，完善并固化"一师一班一村一品"模式及生产性实训基地示范带动模式；以校企合作为抓手，创新我校"工程化科学研究与社会服务一体化"模式、区域性协同创新模式等科学研究与社会服务模式。

2）联合产业龙头企业，实施现代学徒制等人才培养新模式，与地方产业发展深度融合，形成一体化的"产学研用"科学研究与社会服务新模式，打造区域性社会服务品牌。

（二）科研与服务机制体制建设

1）基于地方产业发展需求，不断优化专业结构与课程体系，深化专业服务产业能力，校企互兼互聘，产教融合，完善专业产业对接的人才流动机制。

2）构建工程中心、生产性实训基地、现代学徒制试点和相关深度合作企业，搭建校企一体化平台，形成创新性科研与社会服务平台的开放机制。

3）引进内部竞争机制，促使教师不断提升自身科学研究与服务社会的业务能力和业务素质，并能自觉自愿地积极开展和从事科学研究与社会服务工作，形成一套能有效激发教师从事科学研究与社会服务的竞争机制。

4）建立"产学研用"组织协调体系，实现企业与高校的无缝对接，完善"产学研用"一体化运行机制建设。

5）主动对接企业，开展成果转化、技术服务、校企协作，建立成果转化与社会服务考核奖励机制。

通过以上建设，形成开放、流动、竞争、联合、协作的机制，形成在创新中服务、在服务中创新的良性机制。

（三）科研与服务评价体系建设

从科学研究与成果转化、服务工作与服务能力培养两个方面，构建科学研究与社会服务能力评价指标体系。

从支撑产业发展与升级、毕业生的社会适应力与职业岗位胜任力、办学活动同律性等方面健全科学研究与社会服务的第三方评价机制。

建立健全科学、合理、全面、客观考核评价教师素质、水平、业绩与能力的制度体系与指标体系，把高职院校的办学职能内涵恰当地分解到教师日常的工作过程和环节之中，把教师参加各种社会服务活动及其取得的成果纳入必备的考核评价指标条款，并与其个人的评优评奖及职称职务晋升挂钩。

四、人才服务能力建设

（一）加强青年学术带头人培养

青年学术带头人是科研创新的主力军，因此，必须大力加强优秀青年学术带头人的培养。具体做法是：①以学术带头人通过传、帮、带，提高其影响力和战略思维能力。②把青年科研骨干送到国内外一流大学进行高级访学，进一步提高其学术成就。③争取经费支持，让学术带头人不断参加国内外学术交流以提高其国内外影响力。

（二）营造浓厚的科研氛围，搭建科研创新平台

大力搭建科研创新平台，着力建设科学研究基地，营造浓厚的科研氛围。这不仅是科研建设的需要，也是专业建设发展的重要依托。只有建设好科研平台，才有可能形成开创性的研究工作，不断提高学院的整体研究水平。

（三）加强学术交流

学术交流有交流信息、开阔视野、掌握新知识的作用。在学术交流中，思想的碰撞、科学要素之间的相互作用、不同来源思想的相互作用可以激发出灵感，从而产生更多的新的科学成果。要建立一套学术交流机制，每年规划并组织团队成员积极主动参加国内外学术交流活动，以保障团队能及时了解整个研究领域的最新进展。同时，团队带头人要为团队营造一个良好的学习、学术交流氛围，通过与团队内来自不同领域的队友相互学习、交流，促使各类知识交叉融合，形成本团队特有的知识体系，提高团队的科研创新能力。

五、技术服务能力建设

依托学院一体的社会服务与科学研究平台和"产学研用"合作团队，通过承接行业、企业科技项目或应用技术攻关、提供技术咨询、开展社会服务等形式，开展科学研究、技术传播、技术推广、技术培训、技术服务，在服务与贡献中提升自身的技术服务能力。

六、文化服务能力建设

依托贵州省傩文化研究所、武陵山民族文化研究院等平台，以"五元文化"为核心，不断吸收先进的社会文化、企业文化，整合地方文化精华，开展送文化进社区、送文化进企业、送文化下乡等活动，促进和推动校园文化、地方文化、企业文化的互动融合，提升政治文明建设服务能力和文化传承服务能力。

第八章 国际交流与合作建设路径

为助推国家"一带一路"建设,学院按照"立足东盟,面向亚洲,放眼全世界"国际合作办学思路,积极创新理念、大胆实践,将国际化办学作为提升学院办学竞争力的核心要素之一,有序推进校园环境国际化建设、中外联合办学项目建设、来华留学生汉语教育基地等国际化项目建设,坚持走"创新发展、特色发展、开放发展"的发展道路,主动融入世界教育潮流,力争把学院办成一所具有"世界水准、中国特色、铜仁标志"的高职院校。

一、国际化校园文化氛围营造

积极营造国际化氛围,提高国际化意识。对于学院来说,要想提升国际化办学水平,就要努力营造国际化的文化氛围。一所大学的创新力和生命力离不开与外界交往所形成的学术活力,以及由此形成的有利于文化融合和知识创新的土壤。要营造开放、包容、宽松的文化氛围,更新教育教学和管理服务理念,建立尊重、关心和支持师生发展的文化模式,形成有利于人才培养的环境文化。具体包括以下内容:①在建筑物、路、河、山、桥、亭等以及校园行政楼、公寓楼、图书馆、校史馆、实训楼、雕塑、景观、路标等视觉形象系统中考虑国际因素,附英文名或英语标识牌。②利用教室、实训室、楼道等空间,加强外国文化宣传,将励志、教育名言制成双语,挂于寝室、教学楼楼道或教室的墙壁上。③对铜仁职院精神、校训、办学理念、办学模式、专业建设理念、德育模式、专业人才培养模式等的重要标语进行双语标识,制作学院办学宣传手册。④积极举办国际性的文化交流、汉语比赛活动,每年举办一次国际文化艺术节、国际美食文化节、留学生汉语技能大赛、留学生汉字听写大赛等活动,打造特色国际文化品牌,营造国际文化氛围。⑤组织开展有留学生参与的英语角、汉语角、趣味运动会、英语演讲比赛、学术沙龙等文体活动和学术交流活动,搭建英语-汉语交流平台。⑥采取编辑中英文双语报(班级小报或黑板报)、开辟"留学生专栏"、建立外文图书室、建设国旗墙、构建国际文化长廊或建设××国(文化)馆等多种多样的文化宣传方式,增强文化的包容性,营造国际化的多元文化氛围。⑦根据外籍教师、来华留学生的生活习俗,开设外教或外国留学生就餐窗口或开办留学生特色食堂,满足不同文化圈的学生饮食习惯。引导学生开展体现不同国家文化特色的文体活动,举行重要的外国节日庆祝活动,努力营造多元文化共融的良好氛围。

二、国际合作提升项目建设

(一)加强顶层设计,制定"十三五"专项规划

加强与东盟等"一带一路"沿线国家开展实质性办学项目,重点与老挝、印度尼西亚、柬埔寨、越南、韩国等国家和地区开展职业教育合作项目,制定国际化办学"十三五"规划。

(二)深化交流合作平台,拓展国外合作院校

进一步提升职业教育的开放水平,巩固学校已有的国际交流项目,打造新的合作平台,深化交流内涵,拓展交流领域,提高交流水平;实现校际高层互访、联合办学、学术交流、人文交流等项目齐头并进,即增强校际高层互访的针对性和实效性,增强学术交流的互惠性和竞争力,增强人文交流的丰富性和影响力。

(三)借助高水平合作项目,提升合作层次水平

继续推进"千人留学计划"、短期游学项目、学生互派交流等合作项目,

与合作院校积极开展学生交换交流学习，促进学生交换交流，增强国际交流合作，开阔学生国际视野。具体包括：①扩大学生交换、师资培训规模，建立学分互认制度。与合作院校联合开展优质课程建设，推进师资、课程的共享与学分互认，探索建立具有可持续发展和有效运作机制的课程共享、学分互认，试行校际学分互认，实现学生跨境跨校修读课程，共享优质课程资源与教学资源。②创新办学体制，优化中外合作培养模式。加大与国外高校的沟通与合作，将学院优势专业与国外高校专业结合，积极探索面向东盟国家开办"鲁班工坊"或"培训基地"或"海外分校"等多种形式的联合培养项目，打造高质量、高层次、高水平的中外合作品牌项目。③加强与海外高校、企业和国际组织的交流合作，以联合培养、交换生、短期访学、实习实践、科研项目、国际会议等为平台，不断激发学生出国交流的热情。与海外高校建立长效合作机制，每年选送多批学生到海外大学进行短期交流、研修课程或实践实习，认可其在海外所修学分。

（四）加强人才培养建设，助推专业国际化发展

各二级学院充分利用其重点建设专业，在原有专业人才培养方案中增加国际化的内容，实现与东盟国家高校共享专业人才培养方案等教学资源。引进优质教育资源，专业合作实现实质性突破。引进国外高校师资、教学计划、课程标准、考试体系等教学资源。

（五）参与国际交流活动，增强国际合作交流能力

积极参加"中国-东盟教育交流周""中国国际教育年会"等国际教育交流平台，加强我校和世界各国高校的双向教育交流，增进了解，逐步提升我校来华留学教育的发展水平，扩大招生规模。积极申办国际教育交流活动，吸引更多的国际目光，扩大影响，建设国际合作交流队伍，积累国际合作交流经验，展示学院办学实力，增强国际合作交流能力，推动学院对外交流的国际化。

三、来华留学生汉语教学与培训基地建设

（一）扩大学院留学生招生规模

加大招生力度，拓展招生渠道。设立外国留学生专项奖学金等吸引更多学生来校留学，重点面向"一带一路"沿线国家。同时，开展留学生市场研究，强化对重点地区和新兴地区的追踪与预测，结合学校学科和专业优势，多途径开展海外宣传；系统设计对外汉语教学体系、对外汉语测试体系和留学生管理体系，提升教育和服务质量；积极做好外国留学生汉语培训工作，打造成为特色鲜明的留学生汉语教学与培训基地。

（二）实现留学生教育管理国际化

积极探索留学生教育教学管理模式，借鉴国内外先进的办学理念和管理方式，规范外事管理和留学生的教学日常管理，完善留学生管理机制，实现教育管理的国际化。

（三）加大对外汉语教学团队建设

以教学团队带头人为核心，发挥示范带动作用，加强专业带头人和中青年骨干教师培养，打造一支区域特色鲜明、改革成果突出、团队结构合理、创新意识强、教学质量一流、具有国际化视野的优秀教学团队，负责学院外国留学生的汉语教学、科研、技术服务任务。具体实施内容如下：①积极拓展团队教师学习交流培训与学历提升进修项目，制定对外汉语教学团队师资培训计划。②加大派出专业教师和团队骨干教师的培训力度和资金投入。③明确学习交流调研与进修项目的目标和任务，充分利用师资培训，提升教学科研水平，实现师资培训效果。④支持教师开展教育教学改革，创新课堂教学方式方法，积极申报各类教改课题，提升教学教研能力。⑤鼓励教师出国留学支教，参加国际学术交流合作、出国培训进修，提高师资队伍的国际化视野。经过3年建设，力争打造1~2名教学名师，3~4名中青年骨干教师；

选送1~3名专业课教师到国外访学培训；选送1~2名教师进修硕士或博士学位。

（四）加强汉语课程建设，构建特色培训基地

积极探索留学生汉语教学模式，优化留学生汉语课程体系，开设留学生职业汉语课程，注重留学生汉语文化体验课程教学。培养教学名师、中青年骨干教师，开发特色教材、打造留学生品牌课程，提升留学生汉语教学质量，着力打造特色鲜明的留学生汉语教学与培训基地。

1. 继续完善汉语课程标准及教学管理制度

完善对外汉语教学与实训课程标准、课程授课计划、考核方案、试题库；健全规章管理制度，包括新教师试讲制度、听课制度、教学检查制度、导师制度和进修培训制度等。

2. 探索汉语教学模式

逐步完善"分层分段、情景模拟、实践体验"的留学生汉语教学模式。根据留学生汉语学习需求、汉语水平、入校时间、国别差异进行分层教学，实现留学生教学进度的统一和教学资源的充分利用；根据对留学生语言交际能力、跨文化交际能力和职业汉语学习能力的培养，分层次、分阶段逐步推进课堂教学，提升留学生教学质量。

3. 加强课程体系改革，打造留学生品牌课程

完善留学生汉语教学课程体系，积极探索留学生课程的体系性和模块化，加强留学生在线开放课程建设，努力打造留学生汉语品牌课程、地域特色文化课程和职业汉语创新课程。重点加强留学生汉语在线开放课程、精品课程建设、"互联网+"汉语课堂（云课堂、雨课堂）建设；职业汉语课程的开发与设计；中国文化及铜仁地域特色文化课程的开发与设计。在课程开展形式建设上，开展贴近生活的情景户外教学、实践体验教学；在课程内容建设上，着重推进基础汉语课程的技能性、中国文化课程的趣味性、职业汉语课程的实用性，将基础汉语课程标准化、中国文化课程特色化、职业汉语课程校本化，最大限度地适应满足留学生发展需要，构建独具特色的对外汉语课程体

系。同时，加强留学生汉语在线课程，打造汉语网络学习平台。制作汉语课程网页，录制教学视频，为学生提供课程学习所需的基本材料，建立微课、慕课等网络时代课堂，借鉴不同的汉语学习网络平台，引导学生利用网络资源进行自主学习。最终建成3~5门精品课程，开发1~2门地域特色文化课程和互联网汉语课程，实现留学生课程的多样化。

4. 加强文化体验课程建设，增强留学生学习汉语的兴趣

拓展中国文化体验课程，开展带有中国文化元素的教学实践课程和铜仁特色文化体验课程，提升留学生的跨文化交际能力。具体做法包括：①加强《中国书法体验》《美食体验》《剪纸体验》《听歌学汉语》《影视欣赏》《黔东傩文化体验》《梵净山茶艺体验》《铜仁农耕文化体验》《贵州民族文化体验》等内容的实践教学等，力求寓教于乐，使留学生在娱乐中学习汉语，从而进一步了解中国文化，增强学习汉语的兴趣。②加强"汉语角"主题实践活动的实效性。每周设置一个主题，例如"玩转中国话""说说你知道的流行语""你喜欢的中国影片""说说你的家乡"等，提升留学生汉语交际能力。③完善"以赛促学、以赛促教"双向促进机制，继续开展留学生汉语技能大赛、汉字听写大赛等活动，提升留学生汉语交际应用能力和书写能力，丰富留学生的教学活动。

5. 加强职业汉语课程建设，提升留学生专业技能水平

注重留学生专业课程与汉语课程的衔接工作，针对性开设职业汉语课程，提升留学生的专业水平。开设《医学汉语》《经贸汉语》等，使留学生掌握汉语专业术语，促进专业知识的内化学习，提升留学生专业技能水平，培养具有国际视野的高技能人才。

6. 创建汉语阅览室，增强课程建设研究能力

创建汉语阅览室，定期订阅一些有关国内外语言学的书籍和不同种类的对外汉语教材，供教师与留学生进行研究和学习，更新教师的知识结构，及时了解国内外最前沿的教学理念和知识动态。满足学生课外学习需求，拓宽学生知识视野。

7. 加强课程教材研究，研发教材教学资源

具体包括以下几点：①充分发挥留学生汉语教学团队的优势，切合留学生实际情况，编写 1~2 门留学生汉语特色教材；同时，根据贵州省留学生的实际情况，陆续编写汉语口语、汉字识写、汉语阅读、汉语速成等系列教材。②建立留学生汉语教学资源库（包含多媒体课件库、图片库、视频教学资源库、课堂习题库、HSK 试题库等电子资源库），为专业教学提供丰富的网络资源、电子资源、纸质资源进行多方位互补，促进优质教学资源的共享。③留学生汉语课程网络教学资源建设，加强在线开放课程网站建设、精品课程网站建设，形成留学生线上、线下相结合的教学资源体系。

（五）完善 HSK 设施建设，申办 HSK 网络考点

具体做法如下：①加快仿真语音室建设，构建智能汉语教学平台。根据现代化语言教学要求与教学特点，加强仿真语音室建设，引进智能教学软件，提升留学生汉语课堂教学效果。②拓展留学生汉语文化体验基地，丰富留学生文化体验实践场所，与行业、企业人员共同组织实施文化体验实践教学，提高学生跨文化实践能力。③在原有汉语水平考试（HSK）纸笔考点建设的基础上，加强基础设施建设，建成高质量、高标准的 HSK 网络考试考场，向国家汉语国际推广领导小组办公室申请开通汉语水平考试（HSK）网络考试考点。

四、师资队伍国际化建设

（一）开展教师海外研修，实施教师国际化培养

积极拓展教师和研究人员的海外交流与进修项目，加大选派专业教师和骨干教师赴海外学习培训的力度，设立专项资金支持教师出国访学、培训、进修等教育交流活动，选派校内 15~20 名专业教师或管理人员到国（境）外学习、实习、培训、进修等，并进一步明确海外交流与进修的目标和任务，提升教师或管理人员的科研、教学和管理水平。

（二）加快师资队伍国际化建设步伐，积极引进海外优秀人才

聘请外籍专家和教师进行讲学、学术交流，培育中外专家和教师组成的

国际化教学团队。利用专项基金引进高层次人才、聘请领军人才、加强教学团队建设、进一步升级优化队伍结构,从而打造一支数量合理、结构优化、具有国际视野的教学队伍。

五、服务地方政府国际交流建设

(一)对接国家发展战略,服务区域经济发展

助推国家"一带一路"建设,服务中国企业走出去。加强与国内外院校、企业合作,寻求专业对口建设途径,签订校企合作协议,实现校企合作育人,为"一带一路"区域经济发展培养高素质、高技能国际化人才。

(二)携手地方政府,开展国际交流与合作

主动服务地方政府,开展国际交流与合作,提升地方政府的国际交流与服务能力。主动发挥学科和专业资源优势,对接地方政府"大数据""大文化""大旅游"等发展战略,服务 NIIT(大数据与软件服务外包实训基地)等国际化合作项目,借助学院国际化优势资源,加强中外人文交流,推动地方国际化的进程,营造国际化氛围,促进铜仁社会经济快速发展,继续做好铜仁市政府和印度国家信息技术学院投资合作项目,培养大数据和软件工程师,提高学院服务地方的贡献能力。

(三)增进人文交流,传播中国文化

利用学院国际化资源,加强中外人文交流,宣传中国正能量,传播中国好声音。借助学院留学生资源,宣传地方旅游发展,推介涉外旅游,推进铜仁旅游国际化进程;利用专业与语言优势,为地方政府部门举办大型活动进行翻译等服务;加强汉语教学的服务质量,为留学生提供 HSK 优质服务,培养大批高素质技能型人才。

第九章　内部质量保证体系诊断与改进路径

一、内部质量保证体系诊断与改进工作

2015年6月教育部办公厅发布的《教育部办公厅关于建立职业院校教学工作诊断与改进制度的通知》提出，从2015年秋季开始，逐步在全国职业院校推进建立教学工作诊断与改进制度，全面开展教学诊断与改进工作。明确职业院校教学工作诊断与改进的基本内涵，是学校根据自身办学理念、办学定位、人才培养目标，聚焦专业设置与条件、教师队伍与建设、课程体系与改革、课堂教学与实践、学校管理与制度、校企合作与创新、质量监控与成效等人才培养工作要素，查找不足与完善提高的工作过程。提出了教学工作诊断与改进的五项工作任务。

1）理顺工作机制。坚持一个工作方针，即"需求导向、自我保证，多元诊断、重在改进"；以三项具体内容为主的工作机制，即基于职业院校人才培养工作状态数据、学校自主诊断与改进、教育行政部门根据需要抽样复核的工作机制。

2）落实主体责任。各职业院校要切实履行人才培养工作质量保证主体的责任，做好三项工作：①建立常态化周期性的教学工作诊断与改进制度；②开展多层面多维度的诊断与改进工作；③构建校内全员、全过程、全方位的质量保证制度体系。

3）分类指导推进。各地须根据职业院校不同发展阶段的特点和需要，推动学校分别开展以"保证学校的基本办学方向、基本办学条件、基本管理规范""保证院校履行办学主体责任，建立和完善学校内部质量保证制度体系""集聚优势、凝练方向，提高发展能力"等为重点的诊断与改进工作。

4）数据系统支撑。职业院校要充分利用信息技术，做好三方面工作：建

立校本人才培养工作状态数据管理系统,及时掌握和分析人才培养工作状况,依法依规发布社会关注的人才培养核心数据。

5)试行专业"诊改"。支持对企业有较大影响力的部分行业牵头,以行业、企业用人标准为依据,设计诊断项目,以院校自愿为原则,通过反馈诊断报告和改进建议等方式,反映专业机构和社会组织对职业院校专业教学质量的认可程度,倒逼专业改革与建设。

2015年12月、2016年4月,教育部职业教育与成人教育司分别印发了《关于印发〈高等职业院校内部质量保证体系诊断与改进指导方案(试行)〉启动相关工作的通知》(教职成司函〔2015〕168号)、《关于做好中等职业学校教学诊断与改进工作的通知》(教职成司函〔2016〕37号),分别公布了《高等职业院校内部质量保证体系诊断与改进指导方案(试行)》(以下简称《高职方案》)、《中等职业学校教学工作诊断与改进指导方案(试行)》(以下简称《中职方案》),要求省级教育行政部门根据教育部指导方案制定本省(市、区)的高等职业院校内部质量保证体系诊断与改进工作实施方案和中等职业学校教学工作诊断与改进实施方案。

《高职方案》的目标是构建网络化、全覆盖、具有较强预警功能和激励作用的内部质量保证体系,具体任务包括完善高职院校内部质量保证体系、提升教育教学管理信息化水平、树立现代质量文化,并列举了包括体系总体框架、专业质量保证、师资质量保证、学生全面发展保证体系运行效果在内的5个诊断项目、15个诊断要素、37个诊断点。各省市结合实际制订相应的执行方案和工作计划,各高职院校要根据本校实际情况构建符合学校现状和特点的质量保障体系。

《中职方案》的目标是建立基于中等职业学校人才培养工作状态数据、学校自主"诊改"、教育行政部门根据需要抽样复核的工作机制,保证学校的基本办学方向、基本办学条件、基本管理规范,具体任务包括构建中等职业学校教学工作自主诊断、持续改进的工作制度和运行机制,搭建中等职业学校人才培养工作状态数据管理系统,引导中等职业学校逐步建立完善的内部质量保证制度体系,并列举了包括办学理念、教学工作状态、师资队伍建设状态、资源建设状态、制度建设与运行状态、需求方反馈在内的6个诊断项目、16个诊断要素、99个诊断点。省级教育行政部门可根据"坚守底线"原则,结合实际调整和注解"诊断点提示"内容,增加诊断点,并在省级"诊改"

工作方案中予以说明。

2016年5月,教育部职业教育与成人教育司相继印发了《关于成立全国职业院校教学诊断与改进专家委员会的通知》(教职成司函〔2016〕70号)、《关于确定职业院校教学诊断与改进工作试点省份及试点院校的通知》(教职成司函〔2016〕72号),决定成立全国职业院校教学诊断与改进专家委员会(以下简称全国诊改专委会),明确了全国诊改专委会的职责:负责职业院校教学诊断与改进工作的指导方案研制、政策咨询、业务指导、人员培训、理论研究以及职业教育与成人教育司委托的其他相关工作。确定了天津等18个省(区、市)分别开展中等、高等职业学校教学诊断与改进试点工作,要求各地要高度重视,安排专项经费,确保试点效果。

二、内部质量保证体系诊断与改进工作的主要任务

"职业院校教学工作诊断与改进,指学校根据自身办学理念、办学定位、人才培养目标,聚焦专业设置与条件、教师队伍与建设、课程体系与改革、课堂教学与实践、学校管理与制度、校企合作与创新、质量监控与成效等人才培养工作要素,查找不足与完善提高的工作过程",明确界定了职业院校教学工作诊断与改进制度建设的任务要求。从实施路径上看,教学工作诊断与改进就是要完成"确定目标""聚焦要素""查找不足""完善提高"系列工作过程;从任务要求上看,教学工作诊断与改进就是要完善职业院校内部质量保证体系,提升教育教学管理信息化水平和树立现代质量文化。

1. 完善职业院校内部质量保证体系

完善职业院校内部质量保证体系,就是要以诊断与改进为手段,在学校、专业、课程、教师、学生不同层面建立起完整且相对独立的自我质量保证机制,强化学校各层级管理系统之间的质量依存关系,形成全要素网络化的内部质量保证体系,实现内部质量支撑外部需求,促进教育链与产业链有机融合。

完善职业院校内部质量保证体系,就是要学校回答好五个问题:①办学定位是否准确,如何保证准确确立办学定位;②专业设置是否合理,如何保证合理设置专业;③课程(课程体系)设置是否科学,如何保证科学设置课程(课程体系);④课堂教学是否有效,如何保证课堂有效教学;⑤制度体系是否支撑有力,怎样保证制度体系有力支撑。

完善职业院校内部质量保证体系，就是要学校把握好五个"度"：①根据地方特色产业需求，科学确定办学定位，实现办学定位与服务面向契合，提高办学定位、发展目标与社会需求的符合度。②不断适应产业升级带来的人才和技术新需求，借力行业指导，建立需求导向的专业动态调整机制，不断优化专业结构，实现专业（群）与产业对接，提高学校专业结构同产业结构的契合度和对办学定位的支撑度。③根据岗位（群）技能要求，深化校企合作，基于岗位（群）要求确定专业人才培养规格，基于培养规格设置课程（体系）和课程目标，基于课程目标确定教学内容，实现专业人才培养方案与岗位（群）对接，专业课程内容与职业资格（标准）对接，提高人才培养规格与岗位（群）需求的匹配度。④紧扣实际工作中的技能点（模块）及要求，创新优化教学方法和评价方式，实现教学过程与生产过程对接，校内理论学习与企业顶岗实践对接，提高学生、社会、用人单位、政府对教学质量的满意度。⑤创新产教融合、校企合作、工学结合的体制机制，健全全员、全过程、全方位的质量保证体系，优化教学条件与资源配置，实现教材教辅与信息化教学资源对接，校内教师与企业兼职教师对接，提高师资队伍、教学仪器设备、实践教学基地、图书资料等教学资源对人才培养的保障度。

2. 提升教育教学管理信息化水平

人才培养工作状态数据采集与管理平台的数据涵盖了职业院校人才培养工作的关键指标，能够比较客观地反映职业院校的办学情况，使学校能够全面、实时地掌握各专业人才培养的过程信息，是学校教学工作诊断与改进制度的运行基础。职业院校要加强人才培养工作状态数据管理系统的建设与应用，完善预警功能，提升学校教学运行管理信息化水平，为教育行政部门决策提供参考。具体应做到以下几点：①建立一种大数据价值观，在面对数据指标缺陷时，从疲于应付、迎评达标的填报动机转向主动采集、诊断改进的价值取向；②建立一套科学有效的数据应用制度，尊重投入与产出效能的数据分析，客观评价学院、专业的办学状态和人才培养水平；③建设一支技术过硬的数据管理队伍，在满足人才培养工作状态数据采集与管理平台要求的基础上，结合本校信息化建设实际，优化数据结构和完善平台功能，实现源头采集，做好数据的整理、分析、挖掘，构建完善的质量预警机制，尽早消除影响人才培养质量的各种不利因素。

3. 树立现代质量文化

树立现代质量文化是职业院校教学工作诊断与改进制度建设的根本方向。质量文化是由物质层面、行为层面、制度层面及道德层面组成的金字塔，是在学校长期办学实践中，由学校全体教职员工普遍认同，逐步形成并相对固化的群体质量意识、质量方针、质量目标、质量标准、质量评价方法、质量奖惩制度等。也就是说，学校全体成员都要树立质量意识，认同学校的质量价值观，"时时、处处、事事"都为质量负责。"上下同欲者胜，同舟共济者赢"，只有全体教职员工都立足本职岗位，建立自己的质量标准，才能构建全面质量管理体系，形成内部的质量管理机制，树立现代质量文化。作为院长，要常问自己"我们的办学定位是否准确，方向是否明确，我们是否科学设置了专业，专业结构是否已经优化"；作为二级学院（系部）负责人，要常问自己"专业建设计划或方案是否科学，专业定位和目标是否明确，条件保障是否到位，产教融合、校企合作、工学结合培养人才是否落实到位"；作为专业带头人，要常问自己"我们是否科学制定了人才培养方案，是否正确设置了课程或课程体系"；作为教师，要常问自己"我们是否在有效地进行课堂教学，每节课是否都达到了预定教学目标"。

三、内部质量保证体系诊断与改进工作主要举措

（一）健全组织，形成组织体系

1. 健全机构，明确分工

学院层面成立质量保证领导小组，组长由党委书记和院长担任，负责指导运行方案的研制、学院规划及质量政策的制定、统筹协调及监督指导诊改工作。

组　　长：党委书记　学院院长
副组长：党委副书记　学院副院长　纪委书记　工会主席
成　　员：各二级学院、职能部门主要负责人

下设质量管理办公室，负责质量保证体系的设计、诊断制度的建立与运行监控、起草学校诊改报告等工作。各二级学院是质量生成的核心，职能部门提供高质量的服务与管理。

各二级学院成员的工作是制定二级学院发展规划，审核专业建设规划、

专业人才培养方案、专业建设标准,监控专业、课程、教师、学生层面"诊改"制度的运行,撰写二级学院"诊改"报告等。

各专业成员的工作是编制专业建设规划、专业建设标准、专业人才培养方案;审定课程建设方案、课程标准、教学计划、教案、课件,保证课程实施质量,撰写专业质量年度分析报告等。同时,在专业层面成立专业建设委员会,成员由学校、行业、企业专家组成,主要职责是负责专业的建设与管理,定期组织召开会议,对校企合作人才培养、课程改革进行研讨,并对专业建设项目的效果进行指导和评价。

各课程团队成员的工作是制定课程建设方案,编制课程标准、教学计划、教学教案、教学课件等教学文本,保证课程实施质量,撰写课程质量分析报告。

2. 厘清归属,细化职责

根据各部门职能及职责划分,对应纵向五系统(见图9-1),按高校的职能人才培养、科学研究、社会服务、文化传承与创新、国际合作等职能模块,确定各部门在纵向五系统中的归属。

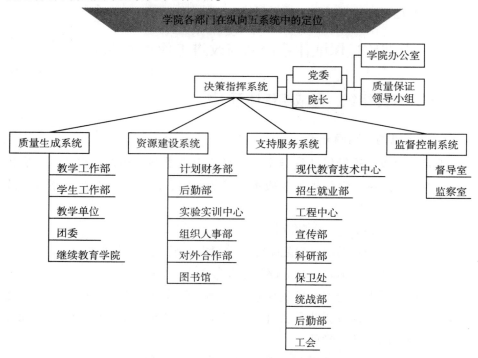

图 9-1　学院各部门在纵向五系统中的定位

根据各部门在纵向五系统中的归属,对照现有职责,明确部门职责与权限(见图9-2)。

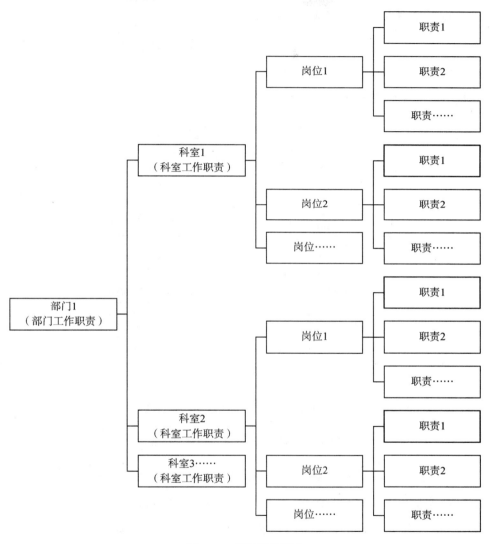

图9-2 部门岗位职责

（二）完善规划，形成目标体系

1. 编制学院规划，形成完整的目标链

对学院现状进行 SWOT 分析，编制和完善学院事业发展"十三五"规划（见图 9-3），以及涉及专业、课程、教师、学生等方面的一系列专项规划，形成一套完整的规划体系。

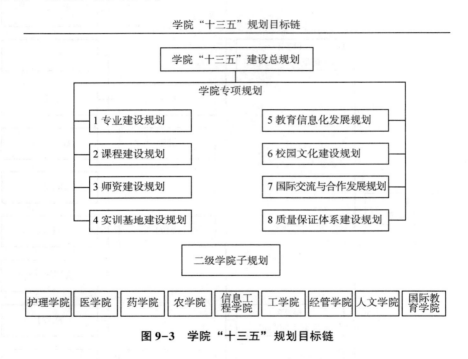

图 9-3 学院"十三五"规划目标链

各二级学院在对所辖专业进行 SWOT 分析的基础上，依据学院专项规划目标，编制二级学院专业建设子规划，并依此组织编制各专业、课程建设方案，明确年度建设目标、任务、措施、预期效果，形成学院规划与二级学院规划目标链（见图 9-4）。

第九章 内部质量保证体系诊断与改进路径

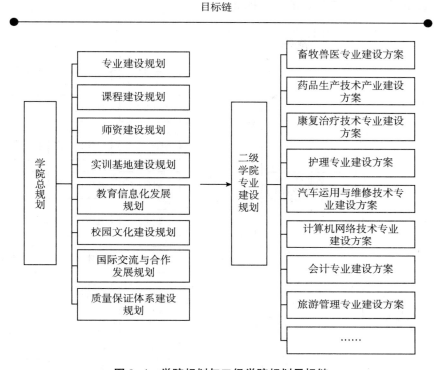

图 9-4 学院规划与二级学院规划目标链

2. 建立落实反馈机制

将规划任务落实完成并与信息平台结合，实现过程数据的实时采集，进行基于数据分析的规划目标执行、分析、反馈与改进，形成规划执行信息链。根据生成的信息流，编制二级学院—分项规划—总规划系列的规划执行年度报告。依据报告结论不断修正目标链，步步逼近规划目标，确保实现规划目标，高质量地完成各项建设任务。

（三）建立标准，形成标准体系

根据 SMART 原则，对照学院质量目标及质量保证规划，明确考核标准，梳理各部门及各岗位职责，制定相应的工作标准及工作制度。建立完善人才培养工作中的系列标准，将影响质量的关键因素、重点环节、重要指标纳入专业、课程、教师发展、学生发展标准，形成一套完善的质量标准体系。

1. 建立各部门各岗位的工作标准

职能部门岗位工作标准如图 9-5 所示。

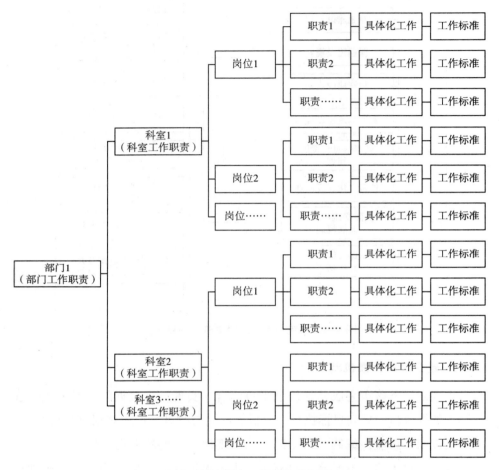

图 9-5　职能部门岗位工作标准

2. 建立专业建设标准

以人才需求为导向，结合专业办学实力和服务贡献，对专业进行分类。由学院层面建立合格的专业标准，各专业团队根据自身专业条件及目标，在现有专业基础上制订专业建设规划，按照规划建立符合各专业发展目标的特色专业、骨干专业、示范专业建设标准（见图 9-6），形成专业标准文本，并定期进行专业质量诊断，不断改进专业建设质量。

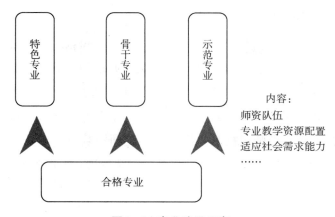

图 9-6　专业建设示意

3. 建立课程建设标准

学院从教学团队（包括数量、年龄、职称、专兼、双师等要素）、课程设计（包括设计理念、内容序化、方法选择等要素）、教学资源（包括课程标准、教案、课件、数字化资源、实践条件等要素）、教学评价（包括学生成绩达标率、学生课堂出勤率、综合评教等要素）四个维度，出台学院层面的合格课程标准，并以此作为课程开设与运行的底线标准，如图 9-7 所示。在此基础上，各课程团队结合专业与课程建设规划及院、省、国家主管部门相应课程评定标准，按照"分类建设"的思路，确定各课程的建设类别与目标，并制定建设标准，以此形成"分类建设、分层推进"的课程建设标准体系。

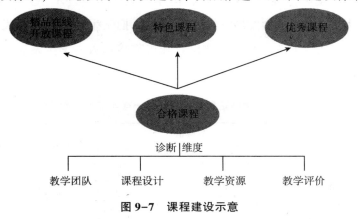

图 9-7　课程建设示意

4. 建立教师发展标准

师资队伍建设标准按照"三个层次、四个维度和八要素"建设思路，按照初级教师、中级教师、高级教师三个层次，通过师德素养、教育教学、教研科研、社会服务四个维度，德育教育、职业素养、课程教学、组织管理、项目研究、科研成果、专业实践、社会影响八个要素，构成教师发展三个层级的基本标准体系，教师根据基本标准和学院师资队伍（专业）建设规划制定个人发展目标和标准以及实施计划。教师梯队发展示意图如图9-8所示。

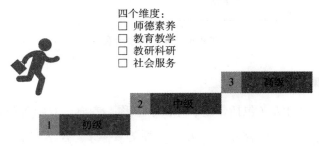

图9-8 教师梯队发展示意

5. 建立学生发展标准

坚持立德树人根本任务，坚持"一切为了学生、为了一切学生、为了学生一切"的管理服务理念，按照学院人才培养定位和学生核心素养要求的人才培养要求，从四个维度（学业发展、职业发展、个人发展、社会能力发展）制定学生发展标准及评价指标，构建"关爱学生进步、关注学生困难、关心学生就业、关怀学生发展"的工作体系，把学生培养成全面发展的高素质、高技能型社会主义事业合格建设者和可靠接班人。学生发展定量目标及预警一览表见表9-1。

表9-1 学生发展定量目标及预警一览表（自我测量表）

诊断维度	标准值/分	目标值（分）			预警值/分	数据来源
		一级	二级	三级		
学业发展	60	60~80	80~90	>90	<60	平台录入
职业发展	60	60~80	80~90	>90	<60	平台录入

续表

诊断维度	标准值/分	目标值（分）			预警值/分	数据来源
		一级	二级	三级		
个人发展	60	60~80	80~90	>90	<60	平台录入
社会能力发展	60	60~80	80~90	>90	<60	平台录入

（四）完善制度，形成内控体系

1. 完善管理制度，形成内控体系

根据各部门的职责及在纵向五系统中的归属，厘清各自的管控事项，建立健全教育教学管理与服务的各项规章制度，完善并修改相关规定，形成内控体系（见图9-9）。

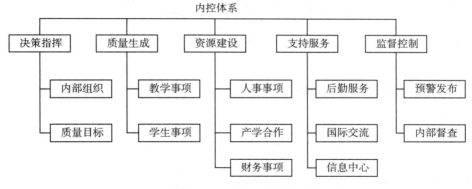

图9-9　内控体系示意

2. 完善考核和诊断报告制度，推进质量螺旋上升

建立和完善年度绩效目标考核制度，实行过程考核与年终考核相结合，定期发布学院-部门两个层级的考核结果；建立学校、专业、课程、教师、学生五个横向层面的诊断报告制度；同时，明确考核结果和诊断报告发布的周期、内容等要求，为工作运行过程中领导层科学决策与分析、工作诊断与改进提供依据与参考，促进学院内部质量螺旋上升（见图9-10）。在此基础上编制学校教育质量年度报告，接受全院师生和社会对学校人才培养质量的监督。

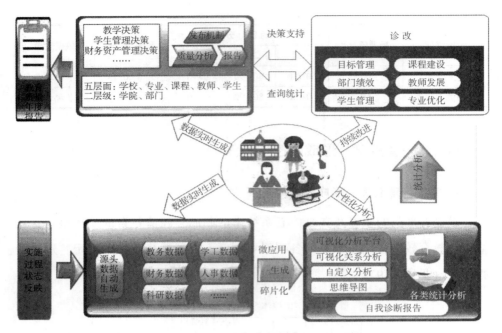

图 9-10 内控体系质量螺旋上升示意

（五）优化平台，建设智能校园

利用云计算、虚拟化和物联网等新技术，将学校的教学、科研、人事、财务等管理与校园资源、业务系统进行整合，构建校内"全员、全过程、全方位"的质量保证体系，开展多维度的诊断与改进工作，实现信息技术与人才培养、学术研究、公共服务、学校治理的深度融合，最终达到智能化。

1. 构建先进、安全的网络基础环境

以开放性、扁平化的网络架构，建设有线无线深度融合的校园网络，达到校园无线全覆盖的目的。通过部署防火墙、入侵检测、防病毒网关、负载均衡、流量控制、上网行为审计等多种安全设备，结合安全管理中心平台，保证了校园网出口和校园网用户两个层面的安全。通过搭建园区网统一运维管理平台，精简运维、助力创新，可实现设备自动化上线部署，柔性网络、位置无关的过程控制，以及智能故障定位的一站式运维管理，全面提升了校园网络运维管理的水平和效率。

2. 构建校本数据中心

制定校级基础数据标准，建立统一的基础数据支撑和共享平台，消除信

息孤岛,实现对校内各类应用、服务的有序接入和管理。将应用分割成一系列细小的服务,每个服务专注于单一业务功能,运行于独立的进程中,采用轻量级通信机制相互沟通、配合来实现完整的应用,满足业务和用户需求。

3. 建立大数据分析平台

建立大数据智能分析平台,通过对学校、专业、课程、教师、学生五个层面的校本数据进行挖掘、清洗、分析,实现学校服务和管理用数据说话,靠数据决策。例如通过大数据采集和分析形成丰富的、易获取的教学资源;通过对课程内容和学生的大数据分析,开展个性化教学活动;通过采集和管理学生从入学到在校学习到走向社会全过程的数据,科学化制定学生的培养计划,并通过大数据技术进行跟踪指导;通过采集和管理教师从招聘进校到职称和岗位的晋升直至退休的全过程的数据,对人才引进、人才培养、梯队建设提供各类数据支撑;通过大数据产品实现对实验室(基地)、仪器设备、图书和电子期刊、信息系统、财务等资源的优化配置。智能校园平台运行示意图如图9-11所示。

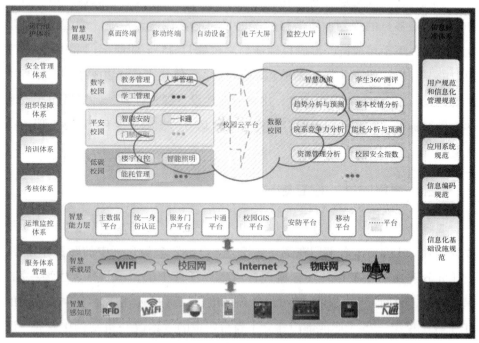

图9-11 智能校园平台运行示意

四、内部质量保证体系诊断与改进工作成效

学院作为教育部"诊改"试点校,经过近三年的"诊改"实践,内部质量保证体系建设不断完善,"诊改"理念和现代质量意识不断深化。在实践中建立了内部质量保证的组织体系、目标体系、标准体系、运行体系和信息平台;以学校"十三五"建设规划为目标引领,打造学校、专业、课程、教师、学生五个层面的目标链与标准链,并通过建立五个层面的"8"字螺旋,全面运行诊改实施方案;通过质量文化建设和制度建设,内化为全体师生的自觉意识和追求,提升教职员工的获得感,基本达到了试点方案所设定的目标,学校的治理能力和人才培养质量得到了持续提升。

(一)精准设计,打造两链

依据学校的"十三五"事业发展规划,编制了专业建设、课程建设等8个专项规划,逐级层层分解,相应的二级学院、专业人员、课程人员、教师和学生制定各自的规划,使学校的发展目标能够传递至专业、课程、教师层面,目标上下衔接成链,形成目标链。学校修订25个职能部门和11个教学单位的二级机构职责,完善278个岗位职责,具体化工作1 203条、工作标准2 486条,梳理业务流程269项,出台专业建设、课程建设、师资队伍建设和学生发展标准9个,并定期修订《专业人才培养方案》《课程标准》,形成标准链。

(二)聚焦质量,建立螺旋

通过系统分析不同主体的质量内涵,初步建立了五个层面的"8"字质量改进螺旋。①厘清了各部门在实现学校"十三五"发展目标中的职责和任务,把任务分解到年度工作计划,梳理各项重点任务中的二级目标、主要举措、保障措施、时间进度、责任部门、考核标准,确保目标达成。②学校层面的11个教学单位、25个职能部门建立了履行职责的"诊改"机制,在专业、课程、教师、学生层面建立了"诊改"运行制度,目前的50个招生专业、310

门课程、716 名教师、近 7 000 名学生完成了阶段自诊。③课程层面依托 AIC 和超星教学网络学习通平台，部分实现了在线监测预警功能。

（三）聚力提升，优化平台

以"诊改"工作为契机，学校加快了信息化平台建设的步伐，以学院院长为组长的智能校园建设工作组，按智能化要求完成了平台建设的顶层设计方案，目前建成的 AIC 校园平台包含有 8 大系统，70 个子系统，基本能够实现数据的源头、即时采集，并能够在五个层面进行数据分析，部分实现了监测和预警功能。AIC 系统为师生提供一站式服务，网上办事大厅开通了 29 个办事流程，通过让"系统多跑动"，实现了让"师生少跑路"。

（四）引擎驱动，成效明显

1）学校领导高度重视"诊改"工作，由党委书记和院长任诊改领导小组的组长，明确学院诊改的目标与任务，亲自督导各个主体，扎实推进，务求实效。

2）质量责任主体意识增强，学校各项工作执行力明显提升。学院连续两年在市级绩效目标考核工作中获得优秀等级。

3）内部治理体系进一步优化，内涵建设成果丰硕。

4）通过出台绩效目标考核办法和专业技术岗教师基本工作量考核办法等考核激励制度，将考核与自我"诊改"相结合，体现了以外部监管为主向自我"诊改"为主转变的走向。

第三编

优质高职院校建设成效

第十章 优质高职院校建设概况

自《高等职业教育创新发展行动计划（2015—2018 年）》颁布之后，2016 年年初共有 31 个省份和新疆生产建设兵团拟自愿承建 328 所优质院校，承诺预估投入经费约 60 亿元。至 2017 年年底，已有 31 个省份（含新疆生产建设兵团）共计投入 33.8 亿元，先行启动了 429 所优质院校建设。到 2018 年，已立项建设的省级"优质院校""一流院校""卓越院校"增至 456 所，超过了全国高职院校总数的 1/3。值得注意的是，有 14 所国家示范（骨干）高职院校未进入建设名单，同时有 80 所非示范（骨干）高职院校入选建设名单，这充分说明"示范""骨干"不是衡量学校优劣的永久标签，在实行存量改革、打破身份固化、激发建设活力的政策引导下，优质高职院校建设实际推动了高职院校的重新洗牌，传递高职教育不进则退的压力，整体调动了高职院校力争上游的发展干劲。

2019 年 7 月，教育部发布了《教育部关于公布〈高等职业教育创新发展行动计划（2015—2018 年）〉项目认定结果的通知》，200 所国家优质高职院校名单正式出炉，具体名单见表 10-1。

表 10-1　200 所国家优质高职院校名单

序号	省份	优质专科高等职业院校名称
1	北京市	北京电子科技职业学院
2		北京财贸职业学院
3		北京工业职业技术学院
4		北京农业职业学院
5		北京信息职业技术学院

续表

序号	省份	优质专科高等职业院校名称
6	天津市	天津市职业大学
7		天津医学高等专科学校
8		天津现代职业技术学院
9		天津交通职业学院
10		天津机电职业技术学院
11		天津电子信息职业技术学院
12		天津轻工职业技术学院
13		天津渤海职业技术学院
14	河北省	河北工业职业技术学院
15		邢台职业技术学院
16		唐山工业职业技术学院
17		河北化工医药职业技术学院
18		石家庄职业技术学院
19		秦皇岛职业技术学院
20		承德石油高等专科学校
21		河北软件职业技术学院
22		河北交通职业技术学院
23		唐山职业技术学院
24		石家庄铁路职业技术学院
25	山西省	山西省财政税务专科学校
26		山西药科职业学院
27		山西工程职业技术学院
28		山西职业技术学院
29	内蒙古自治区	内蒙古建筑职业技术学院
30		内蒙古商贸职业学院
31		内蒙古机电职业技术学院
32		包头职业技术学院
33	辽宁省	辽宁省交通高等专科学校
34		辽宁农业职业技术学院
35		辽宁机电职业技术学院
36		沈阳职业技术学院
37		大连职业技术学院
38		辽宁经济职业技术学院

续表

序号	省份	优质专科高等职业院校名称
39	吉林省	长春汽车工业高等专科学校
40		长春职业技术学院
41		吉林铁道职业技术学院
42	黑龙江省	黑龙江农业经济职业学院
43		哈尔滨职业技术学院
44		黑龙江职业学院
45		黑龙江农业工程职业学院
46		黑龙江建筑职业技术学院
47	上海市	上海电子信息职业技术学院
48		上海城建职业学院
49		上海工艺美术职业学院
50		上海济光职业技术学院
51	江苏省	南京铁道职业技术学院
52		南京信息职业技术学院
53		南京工业职业技术学院
54		江苏建筑职业技术学院
55		常州机电职业技术学院
56		常州信息职业技术学院
57		无锡商业职业技术学院
58		无锡职业技术学院
59		南通航运职业技术学院
60		江苏食品药品职业技术学院
61		常州工程职业技术学院
62		江苏农牧科技职业学院
63		江苏经贸职业技术学院
64		江苏农林职业技术学院
65		苏州农业职业技术学院
66		江苏海事职业技术学院
67		江苏工程职业技术学院

续表

序号	省份	优质专科高等职业院校名称
68	浙江省	金华职业技术学院
69		浙江机电职业技术学院
70		浙江金融职业学院
71		宁波职业技术学院
72		温州职业技术学院
73		杭州职业技术学院
74		浙江经贸职业技术学院
75		浙江经济职业技术学院
76		浙江建设职业技术学院
77		浙江旅游职业学院
78		浙江交通职业技术学院
79		浙江商业职业技术学院
80	安徽省	芜湖职业技术学院
81		安徽机电职业技术学院
82		安徽商贸职业技术学院
83		安徽水利水电职业技术学院
84		合肥职业技术学院
85		安徽职业技术学院
86		安徽工商职业学院
87		安徽医学高等专科学校
88	福建省	黎明职业大学
89		福州职业技术学院
90		福建船政交通职业学院
91		福建水利电力职业技术学院
92		福建信息职业技术学院
93		厦门城市职业学院
94	江西省	九江职业技术学院
95		江西交通职业技术学院
96		江西应用技术职业学院
97		江西外语外贸职业学院
98		江西环境工程职业学院

续表

序号	省份	优质专科高等职业院校名称
99	山东省	山东商业职业技术学院
100		淄博职业学院
101		日照职业技术学院
102		山东科技职业学院
103		潍坊职业学院
104		滨州职业学院
105		烟台职业学院
106		济南职业学院
107		山东交通职业学院
108		威海职业学院
109		青岛职业技术学院
110		山东外贸职业学院
111	河南省	河南工业职业技术学院
112		河南交通职业技术学院
113		河南经贸职业学院
114		河南农业职业学院
115		河南职业技术学院
116		黄河水利职业技术学院
117		平顶山工业职业技术学院
118		许昌职业技术学院
119		郑州铁路职业技术学院
120	湖北省	武汉职业技术学院
121		武汉船舶职业技术学院
122		襄阳职业技术学院
123		黄冈职业技术学院
124		湖北三峡职业技术学院
125		湖北交通职业技术学院
126		武汉铁路职业技术学院
127		武汉城市职业学院
128		湖北职业技术学院
129		武汉软件工程职业学院

续表

序号	省份	优质专科高等职业院校名称
130	湖南省	长沙民政职业技术学院
131		湖南工业职业技术学院
132		长沙航空职业技术学院
133		湖南铁道职业技术学院
134		湖南交通职业技术学院
135		长沙商贸旅游职业技术学院
136		岳阳职业技术学院
137		湖南化工职业技术学院
138		湖南工艺美术职业学院
139		湖南汽车工程职业学院
140	广东省	广东轻工职业技术学院
141		广东交通职业技术学院
142		中山职业技术学院
143		广东机电职业技术学院
144		广东食品药品职业学院
145		深圳职业技术学院
146		广州铁路职业技术学院
147		深圳信息职业技术学院
148		广州民航职业技术学院
149		广州番禺职业技术学院
150		顺德职业技术学院
151		中山火炬职业技术学院
152		广东科学技术职业学院
153		广东水利电力职业技术学院
154	广西壮族自治区	南宁职业技术学院
155		柳州职业技术学院
156		广西职业技术学院
157		广西机电职业技术学院
158		广西交通职业技术学院
159		广西电力职业技术学院
160	海南省	海南经贸职业技术学院

续表

序号	省份	优质专科高等职业院校名称
161	重庆市	重庆城市管理职业学院
162		重庆工业职业技术学院
163		重庆三峡医药高等专科学校
164		重庆电子工程职业学院
165		重庆工程职业技术学院
166	四川省	四川工程职业技术学院
167		成都航空职业技术学院
168		成都纺织高等专科学校
169		四川交通职业技术学院
170		成都职业技术学院
171		四川建筑职业技术学院
172		四川邮电职业技术学院
173		四川工商职业技术学院
174		成都农业科技职业学院
175	贵州省	贵州交通职业技术学院
176		铜仁职业技术学院
177		贵州轻工职业技术学院
178	云南省	云南机电职业技术学院
179		云南农业职业技术学院
180		昆明冶金高等专科学校
181		云南交通职业技术学院
182	陕西省	陕西工业职业技术学院
183		杨凌职业技术学院
184		西安航空职业技术学院
185		陕西铁路工程职业技术学院
186		陕西国防工业职业技术学院
187		陕西交通职业技术学院
188		陕西职业技术学院
189	甘肃省	兰州资源环境职业技术学院
190		甘肃工业职业技术学院
191		兰州石化职业技术学院
192		酒泉职业技术学院
193		甘肃林业职业技术学院

续表

序号	省份	优质专科高等职业院校名称
194	青海省	青海交通职业技术学院
195		青海建筑职业技术学院
196	宁夏回族自治区	宁夏职业技术学院
197		宁夏工商职业技术学院
198	新疆维吾尔自治区	新疆农业职业技术学院
199		新疆交通职业技术学院
200		新疆轻工职业技术学院

在这 200 个优质学校里面，共涉及 30 个省、市、自治区，西藏自治区由于未承接该项目，故此没有立项。各个省市所占的比例是有较大区别的，占有比例较多的主要是东部沿海、东北地区和长江沿岸的省份，约占总数的三分之二，其中江苏省拥有数量最多有 17 所；广东省拥有优质高职学校 14 所，浙江省优质高职学校的数量为 12 所；中西部地区的分布较为均匀，海南省只有 1 所。

第十一章　铜仁职业技术学院建设成效

铜仁职业技术学院作为贵州省首批省级优质高职院校的立项建设单位，按照"办学定位准确、专业特色鲜明、社会服务能力强、综合办学水平领先、与地方经济社会发展需要契合度高、行业优势突出"的要求，不断加强综合体制改革、师资队伍建设、科学研究和社会服务水平、专业建设和国际交流与合作，经过三年建设，成效显著，成为国家优质专科高等职业院校 200 所之一。

一、项目实施效果

（一）综合体制改革取得实质性突破

1）推行二级管理体制改革，完善了学院治理体系。
2）实施"三定"方案，深化人事制度改革，提升学院办学活力。
3）深化"双主体育人"校企合作、产教融合的人才培养模式。
4）扎实推进"诊改"试点工作，提高人才培养质量。

（二）师资队伍整体实力强

1）严把"五关"，建立了师资队伍管理体制。
2）"内培外引"，培养了一批国家、省、院教学名师与技能大师。
3）建立教师发展中心，构建教师发展平台，严把能力关，完善教师发展机制，造就了一批具有国际视野的高水平教师。

4)"分层分类"指导，以岗位锻炼、技术服务等措施，培养理论知识扎实、动手能力强的"双师素质"专业教师。

5)严把课堂质量关，建立多维教学评价机制。

（三）科学研究和社会服务能力大幅提升

1)紧贴地方产业需求，依托国家工程中心和生产性实训基地，搭建科研创新平台。

2)建立科研团队、攻克技术难题，论文数量，专著、专利知识产权的申报与授权数量持续增长。

3)通过"一师一班一村一品""120技术服务平台"等方式，开展技术服务和培训，引领产业发展社会效益好。

4)创新职业教育助推脱贫攻坚"四扶四建"模式，服务区域社会经济发展。

（四）专业建设成效突出，特色鲜明

1)围绕区域经济支柱产业，优化调整专业结构，形成了布局合理、优势突出、特色鲜明的专业结构体系。

2)紧扣生态畜牧业、生态药业等产业链，以畜牧兽医、药品生产技术等骨干专业为引领，打造了农牧技术、制药技术等重点专业群。

（五）国际交流与合作成果丰硕

1)"引进来"：打造来华留学生教育基地，扩大招生规模，服务"一带一路"。

2)"走出去"：推进联合办学、"海外分校"、"千人留学计划"、学生互派等，创新办学模式，优化人才培养方案，增强国际交流合作，开阔国际视野。

二、取得可量化的绩效结果

（一）学校治理有保障

1）建立健全内部治理体系。制定章程，并经省级备案。推进全国事业单位法人治理结构改革试点工作，设有理事会机构、校级学术委员会，构建"党委统一领导、院长依法负责、理事会协调监督、专家潜心治学"的"四位一体"办学机制。

2）建立完善的内部质量保障体系。修订、制定学校管理制度、方案20个，制定专业、课程的建设与质量标准18个，制定教师、学生的发展与管理标准15个。依托智慧校园平台，全面推进五个层面的"诊改"工作。

（二）师资队伍有成效

1）引进和培养有行业影响力的专业带头人20名，有国家"万人计划"教学名师1名、省级教学名师4名、国家"评茶"技能大师1名、省级技能大师3名，建有4个"教学名师工作室"、4个"技能大师工作室"、3个省级优秀教学团队。

2）引进博士10名、硕士60名，培养院级青年骨干教师120名，现有高级职称313人，硕士、博士358人。

3）建有8个校企共育"双师素质"教师基地，兼职教师585名，"双师素质"教师比例为80.34%。教师获省级教学能力比赛一等奖等6项，全国三等奖2项。

（三）专业建设有成效

1）优化调整专业16个。

2）重点建设畜牧兽医、药品生产技术等8个高水平专业，打造畜牧兽医、药品生产技术等5个省级骨干专业。

3）建成8个专业教学资源库、33门精品在线开放课程及优质课程。

（四）人才培养有质量

1）毕业生就业质量高。近三年初次就业率97%以上，就业满意度在95%以上。

2）学生职业技能水平高。建立校级竞赛制度，承办全国卫生职业院校教师检验技能大赛，连续三年承办贵州省职业院校农林牧渔类技能大赛，学生在全国职业院校技能大赛获一等奖10项、二等奖15项、三等奖20项。

（五）产教融合有深度

校企深度合作，实施校企"双主体育人"模式，与温氏集团贵州养猪公司、贵茶集团等知名企业开展校企合作，实施8个现代学徒制班。2017年列入教育部第二批现代学徒制试点单位。

（六）科研能力强、服务贡献大

1）建立国家、省、市、院四级科研平台和团队。依托民族中兽药分离纯化技术国家地方联合工程研究中心等四大高端科研平台，新增9个科研创新平台和28支科研创新人才团队。

2）科研成效显著。三年来，教学科研项目立项共429项，其中国家级3项，省级63项，地厅级187项，横向课题176项，立项科研经费4 238.75万元；发表论文860篇，其中SCI、EI论文10篇，核心期刊95篇；申报专利101项；获得省级哲社科学三等奖2项、自然科技成果奖三等奖2项；专著及教材163部。

3）社会服务能力强。开展各类技术培训180 728人次，推广实用技术52项，为企业解决各类技术难题200余个。

（七）国际化办学水平高

1）留学生规模大。累计为40多个国家培养留学生800余人，在校留学生401人。

2）交流学习范围广。组织21名教师赴新加坡、德国等考察进修学习，

6名教师赴老挝开展汉语支教服务,90名学生到韩国等国家交流学习。

3)合作水平高。与俄罗斯等国家的20余所高校签订合作协议,与老挝等国开办中外合作班,输出中国标准。

三、标志性成果

1)国家级教学成果奖二等奖3项,省级教学成果奖一等奖7项、二等奖2项。

2)主持国家级专业教学资源库《农产品与食品质量检测技术》子项目《食品掺伪掺假专题》建设。

3)全国职业院校内部质量保证体系诊断与改进工作试点院校。

4)教育部第二批"全国现代学徒制试点高职院校"。

5)国家骨干校建设国家级重点专业4个、省级骨干专业5个。

6)近三年招生计划完成率97%以上。高等学校就业经验典型50强。

7)连续三年承办贵州省职业院校农林牧渔类技能大赛、全国教师检验技能大赛。学生获全国各类职业技能竞赛一等奖10项、二等奖13项、三等奖20项。

8)顾昌华教授成为第四批国家"万人计划"教学名师。

9)建立了质量年报制度,连续五年发布《高等职业院校质量年度报告》,2016年、2017年连续两年荣获全国高职院校"国际影响力50强"。2017年荣获全国高职院校"服务贡献50强"。

10)郁建生教授荣获"第五届全国教育改革创新先锋教师"奖。

11)连续五年跻身"中国专科(高职高专)院校竞争力排行榜"全国100强。

12)省部共建(国家民族事务委员会与贵州省人民政府)高职院校。获批第五批全国民族团结进步创建示范区。

13)全国职业教育工作会议上作典型经验交流发言。

14)教育部新时代高校党建示范创建和质量创优工作"全国党建工作样板支部"。

15)三年完成立项30项建设任务,承接创新发展行动计划任务32个。

第四编

高水平高职教育的探索

虽然200所国家优质高职院校已经认定明确，"创新行动计划"取得了阶段性成果，但是与中央的要求和经济社会发展的需要相比，我国职业教育还面临着社会认识存在偏差、技术技能人才发展渠道较窄，办学特色不鲜明、职业教育吸引力不强，对职业教育的支持力度不平衡、企业参与办学的积极性不高等问题。党的十八大以来，以习近平同志为核心的党中央站在党和国家发展全局的高度，习近平总书记多次对职业教育作出了重要指示，旨在将职业教育当作深化教育改革的重要突破口，充分发挥职业教育为学生提供多样化的成长成才路径的作用，有效分流高考升学的压力，避免"千军万马挤独木桥"的现象，为我国壮大实体经济建设提供数量充足的技术技能人才。因此，教育部按照"一个判断""三个转变""四个主攻方向"的要求，会同有关部门起草了《国家职业教育改革实施方案》。2019年1月24日，国务院正式印发"职教20条"，提出了一系列新目标、新论断、新要求，是办好新时代职业教育的顶层设计和施工蓝图。为落实"职教20条"，打好组合拳，教育部、财政部实施了"双高计划"，正式开启中国特色高水平高职学校和专业建设新篇章。本章以铜仁职业技术学院贯彻落实"职教20条"和申创"双高计划"的具体举措为例，为优质高职院校建设之后启动的新一轮"双高计划"所做的规划与行动供大家参考。

第十二章　贯彻落实"职教20条"，推动教育教学改革向纵深发展

一、"职教20条"解读

"职教20条"开明宗义地强调"职业教育与普通教育是两种不同教育类型，具有同等重要地位。""没有职业教育现代化就没有教育现代化。"将职业教育的作用和地位提升到了一个全新的高度。同时指出与发达国家相比，与建设现代化经济体系、建设教育强国的要求相比，我国职业教育还存在体系建设不够完善、职业技能实训基地建设有待加强、制度标准不够健全、企业参与办学的动力不足、有利于技术技能人才成长的配套政策尚待完善、办学和人才培养质量水平参差不齐等问题。

为着力解决这些问题，"职教20条"提出了7个方面20项政策措施：

1）完善现代职业教育体系。健全国家职业教育制度框架，提高中等职业教育发展水平，推进高等职业教育高质量发展，完善高层次应用型人才培养体系。

2）构建职业教育国家标准。完善教育教学相关标准，启动"1+X"证书制度试点工作，开展高质量职业培训，实现学习成果的认定、积累和转换。

3）促进产教融合、校企"双元"育人。坚持知行合一、工学结合，推动校企全面加强深度合作，打造一批高水平实训基地，多措并举打造"双师型"教师队伍。

4）建设多元办学格局。推动企业和社会力量举办高质量职业教育，做优职业教育培训评价组织。

5）完善技术技能人才保障政策。提高技术技能人才待遇水平，健全经费

投入机制。

6）加强职业教育办学质量督导评价。建立健全职业教育质量评价和督导评估制度，支持组建国家职业教育指导咨询委员会。

7）做好改革组织实施工作。加强党对职业教育工作的全面领导，完善国务院职业教育工作部际联席会议制度。

同时，"职教20条"还提出6大具体指标：

1）建设50所高水平高等职业学校和150个骨干专业（群）。

2）建成覆盖大部分行业领域、具有国际先进水平的中国职业教育标准体系。

3）推动建设300个具有辐射引领作用的高水平专业化产教融合实训基地。

4）职业院校实践性教学课时原则上占总课时一半以上，顶岗实习时间一般为6个月。

5）"双师型"教师（同时具备理论教学和实践教学能力的教师）占专业课教师总数超过一半，分专业建设一批国家级职业教育教师教学创新团队。

6）从2019年开始，在职业院校、应用型本科高校启动"学历证书+若干职业技能等级证书"制度试点（以下称"1+X"证书制度试点）工作。

"职教20条"提出的20项政策措施如下：

1）健全国家职业教育制度框架，明确了职业教育改革方向：管好两端、规范中间、书证融通、办学多元。"职教20条"提出，严把教学标准和毕业学生质量标准两个关口，建立健全学校设置、师资队伍、教学教材、信息化建设、安全设施等办学标准，探索实现学历证书和职业技能等级证书互通衔接，深化产教融合、校企合作，育训结合，健全多元化办学格局，推动企业深度参与协同育人，扶持鼓励企业和社会力量参与举办各类职业教育。

2）提高中等职业教育发展水平，明确了中等职业教育的地位：把发展中等职业教育作为普及高中阶段教育和建设中国特色职业教育体系的重要基础，保持高中阶段教育职普比大体相当。"职教20条"提出，重点支持集中连片特困地区每个地（市、州、盟）原则上至少建设一所符合当地经济社会发展和技术技能人才培养需要的中等职业学校。积极招收初高中毕业未升学学生、

第十二章 贯彻落实"职教20条",推动教育教学改革向纵深发展

退役军人、退役运动员、下岗职工、返乡农民工等接受中等职业教育,鼓励中等职业学校联合中小学开展劳动和职业启蒙教育,将动手实践内容纳入中小学相关课程和学生综合素质评价。

3) 推进高等职业教育高质量发展,明确了高等职业教育发展的作用:优化高等教育结构和培养大国工匠、能工巧匠,使城乡新增劳动力更多接受高等教育。"职教20条"提出,建立"职教高考"制度,完善"文化素质+职业技能"的考试招生办法。在学前教育、护理、养老服务、健康服务、现代服务业等领域,扩大对初中毕业生实行中高职贯通培养的招生规模。启动实施中国特色高水平高等职业学校和专业建设计划,建设一批引领改革、支撑发展、中国特色、世界水平的高等职业学校和骨干专业(群)。

4) 完善高层次应用型人才培养体系,明确了现代职业教育体系:学历教育与培训并重,服务军民融合发展。"职教20条"提出,开展本科层次职业教育试点,制定中国技能大赛、全国职业院校技能大赛、世界技能大赛获奖选手等免试入学政策,探索长学制培养高端技术技能人才。做好面向现役军人的教育培训,支持其在服役期间取得多类职业技能等级证书,落实好定向培养直招士官政策,推动优质职业教育资源向军事人才培养开放,支持适合的退役军人进入职业院校及普通本科高校接受教育和培训,鼓励支持设立退役军人教育培训集团(联盟),推动退役、培训、就业有机衔接,为促进退役军人特别是退役士兵就业创业作出贡献。

5) 完善教育教学相关标准,明确了教学标准:按照专业设置与产业需求对接、课程内容与职业标准对接、教学过程与生产过程对接的要求。"职教20条"提出,实施教师和校长专业标准,提升职业院校教学管理和教学实践能力。持续更新并推进专业目录、专业教学标准、课程标准、顶岗实习标准、实训条件建设标准(仪器设备配备规范)建设和在职业院校落地实施。巩固和发展国务院教育行政部门联合行业制定国家教学标准、职业院校依据标准自主制订人才培养方案的工作格局。

6) 启动"1+X"证书制度试点工作,明确了人才培养培训模式改革:由高质量技术技能人才向复合型技术技能人才转变。"职教20条"提出,启动"1+X"证书制度试点工作,鼓励职业院校学生在获得学历证书的同时,积极

取得多类职业技能等级证书，拓展就业创业本领，缓解结构性就业矛盾。

7）开展高质量职业培训，明确了职业院校培训群体：在校学生和全体社会成员。"职教20条"提出，自2019年开始，围绕现代农业、先进制造业、现代服务业、战略性新兴产业，推动职业院校在10个左右的技术技能人才紧缺领域大力开展职业培训。

8）实现学习成果的认定、积累和转换，明确了学习成果的认定、积累和转换途径：建设职业教育国家"学分银行"。"职教20条"提出，从2019年开始，探索建立职业教育个人学习账号，实现学习成果可追溯、可查询、可转换。职业院校对取得若干职业技能等级证书的社会成员，支持其根据证书等级和类别免修部分课程，在完成规定内容学习后依法依规取得学历证书。对接受职业院校学历教育并取得毕业证书的学生，在参加相应的职业技能等级证书考试时，可免试部分内容。从2019年起，在有条件的地区和高校探索实施试点工作。

9）坚持知行合一、工学结合，明确了校企共同研究制定人才培养方案的作用：及时将新技术、新工艺、新规范纳入教学标准和教学内容中，强化学生实习实训。"职教20条"提出，健全专业设置定期评估机制，原则上每五年修订1次职业院校专业目录，学校依据目录灵活自主设置专业，每年调整1次专业。遴选认定一大批职业教育在线精品课程，建设一大批校企"双元"合作开发的国家规划教材，倡导使用新型活页式、工作手册式教材并配套开发信息化资源。每三年修订1次教材。适应"互联网+职业教育"发展需求，运用现代信息技术改进教学方式方法，推进虚拟工厂等网络学习空间建设和普遍应用。

10）推动校企全面加强深度合作，明确了校企全面深度合作表现：职业院校和行业、企业形成命运共同体。提出，学校积极为企业提供所需的课程、师资等资源，企业应当依法履行实施职业教育的义务，利用资本、技术、知识、设施、设备和管理等要素参与校企合作，企业应当依法履行实施职业教育的义务，利用资本、技术、知识、设施、设备和管理等要素参与校企合作。学校可从中获得智力、专利、教育、劳务等报酬，具体分配由学校按规定自行处理。建立产教融合型企业认证制度，对进入目录的产教融合型企业给予

"金融+财政+土地+信用"的组合式激励。

11) 打造一批高水平实训基地,明确了高水平职业教育实训基地的定义:集实践教学、社会培训、企业真实生产和社会技术服务于一体。"职教 20 条"提出,建设若干具有辐射引领作用的高水平专业化产教融合实训基地,推动开放共享,辐射区域内学校和企业,为社会公众、职业院校在校生取得职业技能等级证书和企业提升人力资源水平提供有力支撑。

12) 多措并举打造"双师型"教师队伍,明确了职业教育人才招聘要求:从 2019 年起,职业院校、应用型本科高校相关专业教师原则上从具有 3 年以上企业工作经历并具有高职以上学历的人员中公开招聘,特殊高技能人才(含具有高级工以上职业资格人员)可适当放宽学历要求,2020 年起基本不再从应届毕业生中招聘。"职教 20 条"提出,职业院校、应用型本科高校教师每年至少 1 个月在企业或实训基地实训,落实教师 5 年一周期的全员轮训制度。实施职业院校教师素质提高计划,建立 100 个"双师型"教师培养培训基地,探索组建高水平、结构化的教师教学创新团队,定期组织选派职业院校专业骨干教师赴国外研修访学。在职业院校实行高层次、高技能人才以直接考察的方式公开招聘,建立健全职业院校自主聘任兼职教师的办法。职业院校通过校企合作、技术服务、社会培训、自办企业等所得收入,可按一定比例作为绩效工资的来源。

13) 推动企业和社会力量举办高质量职业教育,明确了企业在职业教育中的重要作用:鼓励有条件的企业特别是大企业举办高质量职业教育。"职教 20 条"提出,完善企业经营管理和技术人员与学校领导、骨干教师相互兼职兼薪制度。2020 年初步建成 300 个示范性职业教育集团(联盟)。

14) 做优职业教育培训评价组织,明确了职业院校的职责:职业教育包括职业学校教育和职业培训,职业院校与应用型本科高校按照国家教学标准及规定职责完成教学任务和职业技能人才培养。"职教 20 条"提出,按照在已成熟的品牌中遴选一批、在成长中的品牌中培育一批、在有需要但还没有建立项目的领域中规划一批的原则,以社会化机制公开招募并择优遴选培训评价组织,优先从制订过国家职业标准并完成标准教材编写,具有专家、师资团队、资金实力和 5 年以上优秀培训业绩的机构中选择。培训评价组织应对接职业标准，与国际先进标准接轨，按有关规定开发职业技能等级标准，负责实施职业技能考核、评价和证书发放。

15）提高技术技能人才待遇水平，明确了职业院校毕业生的地位：机关和企事业单位招用人员不得歧视职业院校毕业生。"职教20条"提出，要积极推动职业院校毕业生在落户、就业、参加机关事业单位招聘、职称评审、职级晋升等方面与普通高校毕业生享受同等待遇。按照国家有关规定加大对职业院校参加有关技能大赛成绩突出毕业生的表彰奖励力度。办好职业教育活动周和世界青年技能日宣传活动，深入开展"大国工匠进校园""劳模进校园""优秀职校生校园分享"等活动，宣传展示大国工匠、能工巧匠和高素质劳动者的事迹和形象，培育和传承好工匠精神。

16）健全经费投入机制，明确了财政投入经费的影响因素：办学规模、培养成本、办学质量等。"职教20条"提出，各地在继续巩固落实好高等职业教育生均财政拨款水平达到12 000元的基础上，根据发展需要和财力可能逐步提高拨款水平。进一步完善中等职业学校生均拨款制度，各地中等职业学校生均财政拨款水平可适当高于当地普通高中。经费投入要进一步突出改革导向，支持校企合作，注重向中西部、贫困地区和民族地区倾斜。进一步扩大职业院校助学金的覆盖面，完善补助标准动态调整机制，落实对建档立卡等家庭经济困难学生的倾斜政策，健全职业教育奖学金制度。

17）建立健全职业教育质量评价和督导评估制度，明确了质量评价内容：以学习者的职业道德、技术技能水平和就业质量，以及产教融合、校企合作水平为核心。"职教20条"提出，完善政府、行业、企业、职业院校等共同参与的质量评价机制，积极支持第三方机构开展评估，并从2019年起，对培训评价组织行为和职业院校培训质量进行监测及评估，将考核结果作为政策支持、绩效考核、表彰奖励的重要依据。

18）支持组建国家职业教育指导咨询委员会，明确了国家职业教育指导咨询委员会成员遴选的范围：政府人员，职业教育专家，行业、企业专家，管理专家，职业教育研究人员，中华职业教育社等团体和社会各方面热心职业教育的人士。"职教20条"提出，委员会要对国家重大政策研究提出建议，参与起草、制订国家职业教育法律法规，开展重大改革调研，提供各种咨询意见，进一步提高政府决策科学化水平，规划并审议职业教育标准等，政府可以委托国家职业教育指导咨询委员会作为第三方，对全国职业院校、普通高校、校企合作企业、培训评价组织的教育管理、教学质量、办学方式模式、师资培养、学生职业技能提升等情况，进行指导、考核、评估等。

19）加强党对职业教育工作的全面领导，明确了职业教育指导思想：习近平新时代中国特色社会主义思想特别是习近平总书记关于职业教育的重要论述。"职教 20 条"提出，要充分发挥党组织在职业院校的领导核心和政治核心作用，牢牢把握学校意识形态工作领导权，将党建工作与学校事业发展同部署、同落实、同考评。指导职业院校上好思想政治理论课，实施好中等职业学校"文明风采"活动，推进职业教育领域"三全育人"综合改革试点工作，使各类课程与思想政治理论课同向同行，努力实现职业技能和职业精神培养高度融合。加强基层党组织建设，有效发挥基层党组织的战斗堡垒作用和共产党员的先锋模范作用，带动学校工会、共青团等群团组织和学生会组织建设，汇聚每一位师生员工的积极性和主动性。

20）完善国务院职业教育工作部际联席会议制度，明确了国务院职业教育工作部际联席会议组成单位及人员：国务院分管教育工作的副总理担任召集人，由教育部、人力资源和社会保障部、国家发展和改革委员会、工业和信息化部、财政部、农业农村部、国资委、税务总局、扶贫办等单位组成。"职教 20 条"提出，国务院职业教育工作部际联席会议每年召开两次会议，听取各成员单位就有关工作情况的报告，听取国家职业教育指导咨询委员会等方面的意见建议，研究协调解决工作中的重大问题，做好相关政策配套衔接，为职业教育改革创新提供重要的制度保障。

二、贯彻"职教 20 条"的任务与举措

为强化党的领导，落实立德树人根本任务，健全德技并修、工学结合的育人机制，完善职业教育与培训体系，按照"1334"的工作思路开展各项改革工作，即围绕立德树人"一个中心"，实施党建品牌打造、人才培养质量提升、管理水平提升"三项工程"，开展内部质量保证体系、现代学徒制、"1+

X"证书制度试点"三个试点"工作,深化招生制度、教师培养、校企合作、科研与服务模式"四项改革"。

(一) 落实"立德树人",培养高素质人才

1. 创新课程思政教育,培育学生核心素养

打造"五元文化"思政教育品牌;开发专业特色思政课程,推行"知识+技能+思政"的专业课思政教育,形成"一校一思政,一院一特色"专业思政教育格局,将社会主义核心价值观教育贯穿技术技能人才培养全过程。

2. 创新劳动价值核心教育,重塑学生劳动光荣美德

建立学习生活、生产实训、社会实践三类劳动教育平台,广泛开展生活劳动、技能训练、社会实践活动三类教育,传承劳动光荣美德,磨炼劳动意志,培育劳动情怀。

3. 创新大国工匠品质教育,培育学生良好的职业道德

构建爱岗敬业意识培育、工匠能力成长、创新创业成果孵化三大平台,开展"教师+工匠+劳模"系列教育,依托国家工程中心等高端科研平台、协同创新中心组建师生科研创新团队,深入区域产学基地,建立创客空间等,培育学生严谨专注、敬业专业、精益求精和追求卓越的工匠精神。

(二) 实施"三大工程",铸造质量品牌

1. 实施党建品牌工程,提升党建质量

以习近平新时代中国特色社会主义思想为指导,加强党的自身建设,增强"四个意识"、坚定"四个自信"、做到"两个维护",发挥好党组织的领导核心和政治核心作用,牢牢把握意识形态主动权。创新党建工作模式,推进党支部标准化建设和党支部书记"双带头人"培育工程,打造"一体两翼"党建品牌,提升引领和服务高水平高职院校建设能力。

2. 实施人才培养质量提升工程,不断丰富办学内涵

(1) 发挥优质高校示范带动作用

加大国家级优质高职院校、畜牧兽医等 5 个骨干专业、互联网+农业等

3个开放性实训基地、民族中兽药等2个协调创新中心建设成果的推广应用力度，带动区域高职院校、铜仁职业教育集团学校各分校协同发展。

（2）积极申报"双高计划"

根据《教育部 财政部关于实施中国特色高水平高职学校和专业建设计划的意见》精神，积极申报中国特色高水平高等职业学校与畜牧兽医（山地现代农牧技术）、药品生产技术（中兽药）两个专业群，引领带动康复治疗技术（医学技术）、大数据技术与应用（信息技术）等6个专业群联动发展，构建国家、省、学院三级专业群体系，致力培养区域内产业高端急需的高素质复合型、创新型技术技能人才。

（3）打造技术技能人才培养高地

强化"认知、合作、创新、职业"四项能力培养，把"以劳树德、以劳增智、以劳强体、以劳育美"融入立德树人根本任务，打造"四能四融"人才培养体系。建立学生"学分银行"，创新"政、行、校、企"联动人才培养机制。深化"两结合三对接"课程改革，积极开发立体化、新型活页式、工作手册式教材，打造高质量的品牌课程。建立理实一体智慧课堂、打造虚实结合高效课堂，打造混合式一体化教学金课。聚焦山地现代农业高端技术技能人才需求，全面提升"两群五骨干"专业（群）人才培养水平和培养质量，打造技术技能人才培养高地。

（4）推进中兽药协同创新中心联动育人

依托民族中兽药国家地方联合工程研究中心等"五中心六基地三室一站一厂"及"植物药生产技术国家级教学团队"等优势资源，在高起点高水平上做强做优协同创新中心，建好研究室和企业工作室，提升大学生创新实践基地的功能，打造高水平的协同创新育人团队；研发创新及推广新技术新成果服务于企业科技进步和乡村振兴；通过"互联网+中心"提升智能化服务能力和水平并服务于"一带一路"，提升管理运行和开放共享的能力与水平，建成具有中国特色、铜仁标志、引领发展的国内领先、国际一流的中兽药协同创新育人新高地。

3. 实施管理水平提升工程，推动内部治理现代化

完善《铜仁职业技术学院章程》，依据现代职业院校制度体系标准，构建

"四位一体"内部治理体系；坚持质量标准，形成自主管理、自我约束的内控机制；优化理事会机构设置，发挥四大作用，提升多元化办学水平；完善"四委会"职能，发挥"四委会"作用，提升教授治学专业化水平；健全"两会"工作机制，发挥"两会"作用，提升办学治校民主化水平；优化结构，完善管理，扩大二级学院管理自主权；理顺"六大"关系，推进学院治理能力现代化，强力提升学院治理能力。

（三）开展"三个试点"，探索办学新模式

1. 推进内部质量保证体系建设试点，探索建立特色化诊改机制

（1）构建学院内部质量保证体系

以诊断与改进为抓手，明确各部门的职责与任务，在学院、专业、课程、教师、学生不同层面建立完整且相对独立的自我质量保证机制，强化学院各层级管理系统间的质量依存关系，形成全要素网络化的内部质量保证体系，不断提升办学活力和人才培养质量。

（2）构建基于智能校园的内部治理新形态

以"五横五纵"为切入点，打造"大数据+校园"的智能校园生态系统，并打通校内校外数据链，构建"信息技术+专业"发展新模式，实现依托系统对专业建设进行动态监测和实时预警，持续优化升级，全面提升学校现代化管理水平。同时，搭建O2O在线式培训平台，打造"蘑菇教授"等线上名师讲堂，服务地方产业农民。推进教学信息化改革，促进师生信息化素养稳步提升。将信息化素养提升融入教学全过程，多渠道、多方式全面提升师生信息化素养。建设虚拟工厂，实现"企业环境"进课堂，构建智能学习环境。

2. 推行现代学徒制试点，探索"双元"育人新模式

以教育部和省级现代学徒制试点项目为基础，完善学院现代学徒制机制体制，在全院各专业全面推行现代学徒制，通过校企联合招生（招工），设立规范化的企业课程标准、考核方案等，施行校企双场景教学、双师授课、双重管理的校企联合培养、双主体育人的中国特色现代学徒制育人模式，形成校企分工合作、协同育人、共同发展的良好格局，提高人才培养的质量和针

对性。

3. 推行"1+X"证书制度试点,探索人才复合培养新机制

对接老年服务、现代农业等产业,组织相应专业申报对应的职业技能等级证书试点工作,建立证书考评师资队伍、开发"书证融通"课程及配套教学资源,逐步试点推行护理、生态农业技术等专业对应职业技能等级培训、评价与专业人才培养教学、考核相统一,实现"双证"的并行培养,构建各具特色的"1+X"书证融通培养培训模式,增强学生就业创业竞争力。

(四)深化"四项"改革,提升办学水平

1. 深化招生制度改革,搭建人才培养"立交桥"

实施"职教高考",探索建立特色鲜明的"文化素质+职业技能"的考试方式,形成高考录取、职教高考相结合招生的模式;积极与铜仁市职教集团各分校合作,开展相关专业"3+3"中高职贯通和五年一贯制人才培养。

2. 深化教师培养改革,打造高水平双师队伍

以"三教"改革为重点,围绕"教师、教材、教法"开展系列改革,坚持以"教师"为根本、"教材"为纲要、"教法"为手段,全面提升教师的教书育人水平。以"四有"标准,加强师德师风建设;坚持"高端引领",加强专业群建设带头人引培力度;坚持"精准培养",培育一批骨干教师;坚持"技艺传承",加强技术技能大师培育;坚持"校企共育",全面提升"双师"素质;坚持"一体化发展",健全教师培养体系;坚持"能力为重",提升教师教学科研能力;坚持"绩效导向",创新教师评价机制等举措,建设一支与贵州铜仁职业技术学院专业办学特色相适应、在服务区域经济社会发展中发挥重要作用,师德高尚、数量充足、专兼结合、技艺精湛、结构合理的高素质"双师型"教师队伍。

3. 深化校企合作模式改革,推进产教深度融合

加强与行业领先企业在人才培养、技术创新、社会服务、文化传承等方面深度合作,与中牧实业、贵茶集团等企业合作共建山地现代农牧技术、中兽药等专业(群),全面推行校企联合培养、双主体育人的中国特色现代学徒

制育人模式。牵头在四川省、贵州省、湖南省、重庆市、湖北省五地边区组建"武陵山农牧职业教育集团",与华为技术有限公司等企业合作共建具有国内一流水平的产业学院、企业工作室、实验室、协同创新基地、实践基地,打造一批高水平实训基地,实现校企多元共建、深度合作、高效协同、长期合作,推进双主体协同育人,形成校企命运共同体。

4. 深化科研与服务模式改革,着力提升服务能力

(1) 瞄准高端,打造高水平技术技能创新服务平台

对接科技发展趋势,聚焦区域支柱产业、主导产业、新兴产业高质量发展的技术需求,面向武陵山区建成支撑区域发展的多层级技术技能创新服务平台体系。通过创新机制体制、整合科技研发资源、加强技术技能研发人才团队建设、联合科技攻关和技术技能研发等措施,提升科技创新能力,推进技术技能积累。通过建设现代信息技术平台,为科技研发、成果转化、技术服务等提供精准、快捷、高效的配套服务。将中兽药重点开放实验室、武陵山民族地区乡村产业发展研究中心分别建成国家民族事务委员会重点实验室、人文社会科学重点研究基地;同时,建成一批科技创新服务平台、科技创新平台与高水平专业化产教融合实训基地,成为支撑区域支柱产业、主导产业和新兴产业发展的技术技能需求的创新服务高地。

(2) 贴农惠农,提升服务发展水平

以社会多样化需求为导向,实施高端技术技能型人才培养培训、应用技术服务、新产品研发和新技术推广、民族民间技艺传承创新、职教精准扶贫、职业农民培训、社区教育7大行动,推动中小企业技术升级,引领区域民族民间技艺走向世界;组建生态茶产业技术服务团队等17个科技助力脱贫攻坚和乡村振兴服务团队,助力区域脱贫攻坚,服务乡村振兴,为区域产业发展提供智力保障,服务区域产业高质量发展。把学院打造成为服务机制更灵活、服务能力更强、服务水平更高、服务贡献更大的先进技术技能创新服务高地。

(3) 提质升级,提升国际化服务能力

围绕服务国家"一带一路"倡议,扩大国际招生规模;引进欧美等国家优质教育资源,举办中外合作办学项目;开发和推出茶树栽培与茶叶加工、

农产品加工与质量检测、药品生产技术、中药学等国际通用的专业标准和课程标准；服务地方企业"走出去"共建海外实训基地；建成中国-东盟职业教育协同创新发展研究中心，在"一带一路"沿线国家建设鲁班工坊（分校），共同促进国际产能合作，培养国际化技术技能人才，提升学院国际交流合作水平，建成具有国际影响力的"世界水准、中国特色、铜仁标志"的高职院校。

第十三章　高品质定位、高标准建设推动学校和专业群高水平发展

一、"双高计划"解读

为深入贯彻落实全国教育大会精神，落实《国家职业教育改革实施方案》，2019年3月29日，教育部、财政部共同研究制定了"双高计划"，对中国特色高水平高职学校和专业（群）的遴选提出了具体要求。"双高计划"是职业教育"下好一盘大棋"的重要手段之一，致力于把职业教育改革发展的"龙头"舞起来，引领带动职业教育培养千万计的高素质技术技能人才，成为支撑地方经济转型升级和服务国家战略的重要力量。

1. "双高计划"的建设目标

集中力量建设50所左右的高水平高职学校和150个左右的高水平专业群。

到2022年，列入计划的高职学校和专业群办学水平、服务能力、国际影响力显著提升，为职业教育改革发展和培养千万计的高素质技术技能人才发挥示范引领作用，使职业教育成为支撑国家战略和地方经济社会发展的重要力量。

到2035年，一批高职学校和专业群达到国际先进水平，引领职业教育实现现代化，为促进经济社会发展和提高国家竞争力提供优质人才资源支撑。

2. "双高计划"的建设要求

1）建成一批高素质技术技能人才培养培训基地，为当地经济社会发展提供人才红利，服务区域发展。

2）建成一批技术技能创新服务平台，以应用技术解决生产生活中的实际

问题,加强新产品开发和技术成果的推广转化,让行业和企业都认可,支撑产业转型升级。

3)紧跟"一带一路"建设和国际产能合作,集聚我国优质职业教育资源,通过院校合作、校企合作、政府援外等方式,探索与中国企业和产品"走出去"相适应的职业教育国际化模式,与国际社会共享、交流中国职业教育的模式、标准和资源。

3. "双高计划"的项目遴选方式

分学校申报、省级推荐、遴选确定三个环节,坚持质量为先、改革导向、公开透明、扶优扶强。

4. "双高计划"的建设内容

1)加强党的建设。

2)打造技术技能人才培养高地,打造技术技能创新服务平台,打造高水平专业群,打造高水平双师队伍。

3)提升校企合作水平,提升服务发展水平,提升学校治理水平,提升信息化水平,提升国际化水平。

5. "双高计划"的管理机制

总量控制、动态管理、年度评价、期满考核、有进有出、优胜劣汰。每五年为一个支持周期,2019年启动第一轮建设,建立信息采集与绩效管理系统,每个建设周期结束依据绩效评价结果,调整项目建设单位。

6. "双高计划"的经费投入要求

地方为主、中央奖补、多渠道供给。地方在逐步提高生均拨款的基础上,对"双高计划"学校给予重点支持,中央财政通过现代职业教育质量提升计划专项资金对"双高计划"给予奖补支持,有关部门和行业、企业以共建、共培等方式积极参与项目建设。

7. "双高计划"的倾斜政策

在领导班子、核定教师编制、高级教师岗位比例、绩效工资总量等方面按规定给予政策倾斜。

在专业设置、内设机构及岗位设置、进人用人、经费使用管理上进一步扩大学校办学自主权。

二、"双高计划"申报条件

为做好"双高计划"的遴选，教育部、财政部出台了《中国特色高水平高职学校和专业建设计划项目遴选管理办法（试行）》，研究制定了"双高计划"申报的基本条件。

（一）学校须具备的基本条件

学校须具备以下基本条件：

1）学校办学条件高于专科高职学校设置标准，数字校园基础设施高于《职业院校数字校园建设规范》标准。

2）学校人才培养和治理水平高，在产教融合、校企合作方面成效显著，对区域发展贡献度高，已取得以下工作成效：被确定为《高等职业教育创新发展行动计划（2015—2018年）》省级及以上优质高职学校建设单位；已制定学校章程并经省级备案，设有理事会或董事会机构，成立校级学术委员会，内部质量保证体系健全；财务管理规范，内部控制制度健全；牵头组建实体化运行的职业教育集团，合作企业对学校支持投入力度大；成立应用技术协同创新中心、技能大师工作室，非学历培训人数不低于全日制在校生数；近三年招生计划完成率不低于90%，毕业生半年后就业率不低于95%；配合"走出去"企业开展员工教育培训、有教育部备案的中外合作办学项目或招收学历教育留学生。

3）学校坚持职业教育办学定位和方向，干事创业的积极性、主动性、创造性高，教育教学改革、校企合作和专业建设基础好，人才培养质量和师资队伍水平高，学生就业水平高，社会支持度高。

4）学校在以下9项标志性成果中有不少于5项：

①近两届获得过国家级教学成果奖励（第一完成单位）。

②主持国家级职业教育专业教学资源库立项项目且应用效果好。

③承担国家级教育教学改革试点且成效明显（仅包括现代学徒制试点、"三全育人"综合改革试点、教学工作诊断与改进工作试点、定向培养士官试点）。

④有国家级重点专业（仅包括国家示范、骨干高职学校支持的重点专业）。

⑤近五年学校就业工作被评为全国就业创业典型（仅包括全国毕业生就业典型经验高校、创新创业典型经验高校、创新创业教育改革示范高校）。

⑥近五年学生在国家级及以上竞赛中获得过奖励（仅包括世界技能大赛、全国职业院校技能大赛、中国"互联网+"大学生创新创业大赛、"挑战杯"全国大学生课外学术科技作品竞赛和中国大学生创业计划竞赛）。

⑦教师获得过国家级奖励（仅包括"万人计划"教学名师、全国高校黄大年式团队、全国职业院校教学能力比赛获奖）。

⑧建立校级竞赛制度，近五年承办过全国职业院校技能大赛。

⑨建立校级质量年报制度，近五年连续发布《高等职业院校质量年度报告》且未有负面行为被通报。

在满足以上条件的基础上，学校近五年在招生、财务、实习、学生管理等方面未出现过重大违纪违规行为。学校未列入本省升本规划。

（二）专业群须具备的基本条件

专业群须具备以下基本条件：

1）专业群定位准确，对接国家和区域主导产业、支柱产业和战略性新兴产业重点领域。专业群组建逻辑清晰，群内专业教学资源共享度、就业相关度较高，形成优势互补、协同发展的建设机制。专业特色鲜明，行业优势明显，有较强社会影响力。

2）专业群有高水平专业带头人和教学创新团队，校外兼职教师素质优良。实践教学基地设施先进、管理规范，基地建设与实践教学项目设计相适应、相配套。校企共同设计科学规范的专业群课程体系，反映行业领域的新技术、新工艺、新规范，信息技术深度融入教育教学，线上线下课程资源丰富。

3) 专业群生源质量好，保持一定办学规模。建立毕业生就业跟踪调查机制，学生就业对口率、用人单位满意度、学生就业满意度高。与行业、企业深入合作开展科技研发应用，科研项目、专利数量多。

三、中国特色高水平高职学校创建路径——以铜仁职业技术学院为例

（一）发展目标

坚持党的领导和社会主义办学方向，坚持"立德树人、以技立业、服务社会"的办学理念，围绕国家重点产业及贵州、武陵山区域主导产业发展，集中力量打造一批以"国家中兽药制造技术协同创新中心"为龙头的技术技能创新服务平台，以山地现代农牧技术和药品生产技术专业群为龙头的高水平专业群，建成国内领先的复合型技术技能人才培养高地、先进技术技能创新服务高地、职业教育改革高质量发展实践高地。到2022年，学校的办学水平、服务能力、国际影响力显著提升，建成"世界水准、中国特色、铜仁标志"的高水平高职院校。

（二）发展思路

全面贯彻党的教育方针，以立德树人为根本，围绕新时代职业教育新要求，开展"1+X"证书制度试点，深化人才培养培训模式改革，完善德技并修、工学结合的育人机制。建设一支技术技能行业领军，大师名匠、研发骨干为主体的高水平双师队伍。对接区域支柱产业，打造高水平专业和专业群。深化产教融合、推动校企深度合作，打造高水平实训基地，构建校企命运共同体。创新服务模式，健全科技服务、协同攻关、成果转让、合作育人等工作机制，精准服务区域支柱产业发展的技术需要。创新技术技能劳动者培训模式，增强产业核心竞争力，为山地现代产业高质量发展提供有力的科技服务支撑。建设集资源丰富、智慧教学、科学管理与决策，兼具职业院校特征的智能校园生态系统。服务"一带一路"，深化国际间职业教育交流与合作，推出专业标准、课程标准，提升国际水平。

（三）重点任务与举措

1. 从严治党，全面加强党的建设

以习近平新时代中国特色社会主义思想为指导，加强党的自身建设，增强"四个意识"、坚定"四个自信"、做到"两个维护"，发挥好党组织的领导核心和政治核心作用，牢牢把握意识形态主动权。构建"三全育人"思政工作格局，打造"五元文化"思政教育品牌，实施"铸魂育人"工程。创新党建工作模式，推进党支部标准化建设和党支部书记"双带头人"培育工程，打造"一体两翼"党建品牌，提升引领和服务高水平高职院校建设能力。

2. 创新模式，打造技术技能人才培养高地

强化"认知、合作、创新、职业"四项能力培养，把"以劳树德、以劳增智、以劳强体、以劳育美"融入立德树人根本任务，打造"四能四融"人才培养体系。深入推进现代学徒制试点，建立学生"学分银行"，率先开展"1+X"证书制度试点，创新"政、行、校、企"联动人才培养机制，深化复合型技术技能人才培养模式改革。深化"两结合三对接"课程改革，打造高质量的品牌课程。建立理实一体智慧课堂、打造虚实结合高效课堂，打造混合式一体化教学金课。聚焦山地现代农业高端技术技能人才需求，全面提升"两群五骨干"专业（群）人才培养水平和培养质量，打造技术技能人才培养高地。

3. 瞄准高端，打造技术技能创新服务平台

对接科技发展趋势，聚焦区域支柱产业、主导产业、新兴产业高质量发展的技术需求，面向武陵山区建成支撑区域发展的多层级技术技能创新服务平台体系。通过创新机制体制、整合科技研发资源、加强技术技能研发人才团队建设、联合科技攻关和技术技能研发等措施，提升科技创新能力，推进技术技能积累。通过建设现代信息技术平台，为科技研发、成果转化、技术服务等提供精准、快捷、高效的配套服务。建成科技创新服务平台43个、科技创新平台1个，高水平专业化产教融合实训基地4个，成为支撑区域支柱产业、主导产业和新兴产业发展的技术技能需求的创新服务高地。

4. 对接产业，打造高水平专业群

紧贴山地现代农业、民族医药大健康等产业，以国家级重点专业、骨干专业为核心，建设畜牧兽医、药品生产技术为龙头的8个专业群，构建多层次专业群体系；完善专业群组群、评价、动态调整机制，调优调强专业结构；优化"行业、产业、企业、专业"四位一体的专业群建设委员会，推动优势专业与业内领军企业合作，建设特色产业学院，完善"育训结合"育人机制。深化校企互兼互聘、校企共建专业群教学资源，实现资源共建共享；将现代畜牧兽医、药品生产技术2个专业群建成具有特色的高水平专业群，引领带动其他专业群联动发展；致力培养区域内产业高端急需的高素质复合型、创新型技术技能人才。

5. 德技并修，打造高水平双师队伍

通过坚持"四有"（有理想信念，有道德情操，有扎实学识，有仁爱之心）标准，加强师德师风建设；坚持"高端引领"，加强专业群建设带头人引培力度；坚持"精准培养"，培育一批骨干教师；坚持"技艺传承"，加强技术技能大师培育；坚持"校企共育"，全面提升"双师"素质；坚持"一体化发展"，健全教师培养体系；坚持"能力为重"，提升教师教学科研能力；坚持"绩效导向"，创新教师评价机制等举措，建设一支与铜仁职业技术学院专业办学特色相适应、在服务区域经济社会发展中发挥重要作用，师德高尚、数量充足、专兼结合、技艺精湛、结构合理的高素质"双师型"教师队伍。

6. 多元共建，提升校企合作水平

铜仁职业技术学院与行业领先企业在人才培养、技术创新、社会服务、文化传承等方面深度合作，与中牧实业、贵茶集团、华为等企业合作共建山地现代农牧技术、中兽药生产技术等8个专业群和40个专业，全面推行校企联合培养、双主体育人的中国特色现代学徒制育人模式。牵头在四川省、贵州省、湖南省、重庆市、湖北省等地边区组建"武陵山农牧职业教育集团"，校企共建具有国内一流水平的5个产业学院、20个企业工作室、18个实验室、8个协同创新基地、5个实践基地，打造一批高水平实训基地，实现校企多元共建、深度合作、高效协同、长期合作，推进双主体协同育人，形成校企命运共同体。

7. 贴农惠农，提升服务发展水平

铜仁职业技术学院以地方农业需求为导向，积极探索服务新农村建设之路，体现办学特色"显农"，专业建设"贴农"，科技服务"惠农"，人才培养"兴农"，实施高端技术技能型人才培养培训行动、应用技术服务行动、新产品研发和新技术推广行动、民族民间技艺传承创新行动、职教精准扶贫行动、职业农民培训行动、社区教育行动；推动中小企业技术升级，引领区域民族民间技艺走向世界，助力区域脱贫攻坚，服务乡村振兴，为区域产业发展提供智力保障，服务区域产业高质量发展。把学院打造成为服务机制更灵活、服务能力更强、服务水平更高、服务贡献更大的先进技术技能创新服务高地。

8. 深化改革，提升学校治理水平

完善《铜仁职业技术学院章程》，构建现代职业院校制度体系，完善"四位一体"（包括：院委统一领导、院长依法负责、理事会民主监督、专家潜心治学）内部治理体系；坚持质量标准，形成自主管理、自我约束的内控体制机制；完善理事会机构，发挥四大作用，提升多元化办学水平；完善"四委会"（包括：专业建设委员会、教材建设委员会、教学指导委员会、学术委员会）职能，发挥"四委会"作用，提升教授治学专业化水平；健全"两会"工作机制，发挥"两会"（包括：教职工代表大会、学生代表大会）作用，提升办学治校民主化水平；优化结构，完善管理，扩大二级学院管理自主权；理顺"六大"（包括：学院发展规划与地方经济发展规划关系、学院与政府、行业、企业关系，学院与二级学院关系，学院与海外办学机构关系，专业群与专业关系，自我约束与自我发展之间的关系）关系，推进学院治理能力现代化，强力提升学院治理能力，实现治理水平和治理体系现代化。

9. 智慧管理，提升信息化水平

建设智能校园，构建校园内部治理新形态。以"五横五纵"为切入点，建成智能校园生态系统。打造"大数据+校园"，构建校园新生态。打通校内校外数据链，使用云安全技术，全面提升学校现代化管理水平。打造"信息技术+专业"，构建专业发展新模式。借助智能校园平台对专业建设进行动态监测和实时预警，持续优化升级。及时发展大数据等新兴专业，打造"互联网+职业培训"，助力教育供给模式新升级。搭建O2O在线式培训平台，打造

"蘑菇教授"等线上名师讲堂，服务地方产业农民。推进教学信息化改革，促进师生信息化素养稳步提升。将信息化素养提升融入教学全过程，多渠道多方式全面提升师生信息化素养。建设虚拟工厂，打造智慧教学新业态。建设虚拟工厂，实现"企业环境"进课堂，构建智能学习环境。

10. 提质升级，提升国际化水平

围绕服务国家"一带一路"倡议，扩大国际招生规模；引进欧美等国家优质教育资源，举办中外合作办学项目2~3个；开发和推出茶树栽培与茶叶加工、农产品加工与质量检测、药品生产技术、中药学4个国际通用的专业标准和课程标准；服务地方企业"走出去"共建海外实训基地；建成中国－东盟职业教育协同创新发展研究中心，在"一带一路"沿线国家建设2~3个鲁班工坊（分校），共同促进国际产能合作，培养国际化技术技能人才，提升学院国际交流合作水平，建成具有国际影响力的"世界水准、中国特色、铜仁标志"的高职院校。

11. 集成优势，提升中兽药协同创新中心联动育人能力

该项目服务于我国战略性新兴产业与铜仁市重点发展产业，依托民族中兽药国家地方联合工程研究中心等"五中心六基地三室一站一厂"及"植物药生产技术国家级教学团队"等优势资源，在高起点、高水平上做强做优协同创新中心，建好8个研究室与8个企业工作室，提升大学生创新实践基地的功能，打造8个高水平的协同创新育人团队；研发创新及推广20项新技术新成果服务于企业科技进步与乡村振兴；通过"互联网+中心"提升智能化服务能力和水平并服务于"一带一路"，提升管理运行与开放共享的能力与水平，建成具有中国特色、铜仁标志、引领发展的国内领先、国际一流的中兽药协同创新育人新高地。

四、高水平专业创建路径——以铜仁职业技术学院为例

（一）山地现代农牧技术专业群

1. 建成"六双融通、互培共育"专业群现代学徒制人才培养模式

铜仁职业技术学院与区域内多家龙头企业合作办学，组建武陵山现代农

牧产业学院，建成服务区域农业产业升级和人才需要，适应多种类型生源的"六双融通、互培共育"的现代学徒制人才培养模式，培养产业高端需要的复合型高素质技术技能型现代山地农牧人才。

实行弹性学制，建立"学分银行"，建立学分认定体系，推行"1+X"证书制度试点工作，实现书证融通。

2. 建成融入产业高新技术的教学资源体系

1）引入农牧产业新技术、新规范、新标准，建成科学规范、国内外可借鉴的专业群教学标准和课程标准。

2）打造"金课"，上线精品在线开放课程，国内外同类专业资源的互访互选互认，提高课程的辐射面；开发颗粒化资源，建立课程资源库，实现群内课程信息化教学全覆盖，建成覆盖整个武陵地区的全国网上学习平台。

3）"五业"联动，多方协作，制定吸收高新技术的资源库标准，建设开放共享的资源库平台，与国内外平台合作，建立共建共享机制、资源认证机制和交易机制，建成国家级教学资源库。

3. 建成融入山地现代农牧高新技术的教材体系和多种教法融合的智慧课堂

1）吸收产业高新技术，对应职业能力和生产岗位要求，采用信息化技术手段，结合动画、微课、虚拟仿真实验环境、职业技能鉴定平台，建设由 AI 互动立体化教材、项目任务型教材、新型活页式教材和技术手册教材构成的多种类型的教材体系。

2）建设智慧教室，全面实施"以学生为主体"的教学理念，采用"互联网+"时代下的微课、慕课、翻转课堂、混合教学等新型教学方式，建设高效活力的智慧课堂。

3）及时修订完善教材和更新教法，每三年修订教材一次，每年开展教法更新。

4. 建成"领军人物+带头人+大师（名师）+骨干教师"的"双高三能型"专业群人才支撑体系

打造一支由专业群领军人物、专业群带头人、名师大师、骨干教师等构成的"双高三能型"教师队伍。建成国家级双师教师培训基地，为区域产业培养"双高三能型"教师队伍。行业、学校、企业共同制定教学团队标准，培养"工匠型""技术型"和"科研型"教师。制定教师培养制度，实施教师进企业轮训计划，以技术在企业入股分红、合伙办公司。引进国内外专家名师，提升教师国际化教育教学理念，与国际接轨。建立教师评价机制，建立以业绩贡献为导向、以目标管理和目标考核为重点的绩效考核动态激励机制。

5. 建成由"四中心"构成的支撑专业群实训教学体系的实践教学基地

建立管理制度，保障实践教学基地开放共享、互融互通、有效运行。整合校内实训中心和基地，新建虚拟仿真实训中心，升级国家级"互联网+"农业科技示范园，建成高水平山地智慧农业科技园（校中厂），整合多个厂中校，打造一体化的校企深度融合的校外跟岗顶岗实习基地，建成由公共基础、核心技能、岗位能力、拓展创新能力实训中心构成的"四中心"，完成基础实训模块、核心实训模块、岗位实训模块、创新拓展实训模块的教学。

6. 行业、学校、企业协同打造集研发、创新和推广一体的技术技能平台

整合专业群等平台，由协会、研发中心、农牧企业研发中心构成，通过专业群资源共建共享机制，培养复合型高素质技术技能人才及创新山地现代农牧高新技术。建设由区域行业、学校、企业组成的产教融合平台，与当地产业中的重点企业、产业化基地深度融合，建设山地农业现代农牧技术协同创新平台，开展技术推广，服务于区域产业发展。

7. 建成服务乡村振兴、助力脱贫攻坚的社会服务体系

依托专业群技术技能平台提升团队的教学、科研、社会服务能力，完善"农技服务"社会服务平台，建成"一基地三平台一网络"社会服务体系，服务于区域农牧业发展、乡村振兴，助力精准扶贫，辐射带动成效显著，社会服务能力显著提升。

8. 国际交流与合作

在国际交流与合作方面，铜仁职业技术学院主要做到以下几点：

1）立足山地现代农牧产业集群，以东盟国家为重点交流互通，依托铜仁职业技术学院境外分校，助推山地现代农牧课程标准等"产教"标准国际化，实现优质资源共享。

2）开展留学生学历教育，接收国（境）外学生来校研修，培养具有全球视野、跨文化沟通能力、基础扎实的创新型、发展型、复合型国际人才。依托铜仁职业技术学院境外分校和"鲁班"农技工坊，校企协同育人，招收境外学生，为东盟国家培养和输送人才。

3）开展东盟国际交流活动，调配国际先进教学资源，提供多渠道、宽口径的海外学习和培训项目，选派师生赴国外交流学习。

4）聘请农牧业发达国家的国外专家作为专业群兼职教师，选派专业群教师到东南亚国家讲学，提升专业群的国际影响力。

9. 可持续发展保障机制

依托武陵山现代农牧技术产业学院，建立"五业"联动融通机制、资源共建共享机制、训育结合育人机制、绩效考核奖惩机制、专业群专业动态调整机制，为专业群的可持续发展提供有效的制度保障。

（二）药品生产技术专业群

1. 专业群人才培养模式创新

铜仁职业技术学院提升了"政行企校"协同育人平台功能，在与知名企业开展"订单班""项目班"的基础上，实施"育训融合、多元协同"的现代学徒制人才培养模式。完善双导师制、弹性学制，设立学分银行，实施"1+X"证书制度试点。积极引导学生参与科研项目，支持学生参加省级、国家技能竞赛和创新项目，培养学生的创新创业能力和工匠精神，培养高素质复合型技术技能人才。

2. 课程教学资源建设

铜仁职业技术学院以职业能力培养为主线，以岗位能力为目标，融入产业新技术、新工艺、新设备、新方法进课程，借鉴新加坡南洋理工大学、德国"双元制"学校制药相关专业课程体系，对药品生产技术（中兽药）专业群现有课程体系进行整合优化，完善与国际标准对接的"平台共享课+专业模块课+技能拓展课"专业群课程体系。开发专业群"云上制药"课堂30门、国家级专业教学资源库1个、国家级精品在线开放课程2门、开发国家规划教材 15 门。

3. 教材与教法改革

铜仁职业技术学院依托信息化技术手段,与紧密型合作企业合作开发资源开放、互动交流、情景体验、线上线下融合教材,集信息化资源于一体的 AI 互动立体化教材、新型活页式教材、工作手册式教材。依托智慧校园、校内外实训基地软硬件环境,实施"互联网+"云上课堂、微课、慕课等新型智慧课堂,促进移动个性化学习方式的形成,广泛运用理实一体、模块化、远程协作教学等方法。

4. 教师教学创新团队

铜仁职业技术学院强化高端人才引领支撑,鼎力打造一流教师队伍,采取"大师入学校、教师进企业"的形式,通过企业实践锻炼、国内外培训、学术交流、开展应用研究、课程建设和技术服务等多种渠道、多种方式强化教师技能水平,培育引进在中兽药行业有影响力的专业群建设带头人 6 名、具有国际视野的国家级教师教学创新团队 1 个、国家级教学名师 2 名、技术技能大师 2 名、技术技能英才 10 名、骨干教师 20 名、兼职教师 30 名,双师型教师比例达 100%。

5. 实践教学基地

铜仁职业技术学院按照资源共建、共享原则,构建"两平台五中心"[①] 的药品生产技术(中兽药)专业群校内实训基地,通过四年建设,打造成为集"产学研询培创"于一体的国内领先水平的产教融合实训基地。共享企业先进设备、先进技术和高技能人才资源,多形式搭建校外实践基地,满足双师型教师和复合型技术技能人才培养的需求,与国内知名中兽药生产企业合作共建产业学院、"双师型"教师培训基地,建成优势互补、资源共享的校外实践基地。

6. 技术技能平台

铜仁职业技术学院依托国家地方联合工程研究中心、中兽药重点开放实验

---

① 两平台:专业基础平台和虚拟仿真平台;五中心:中兽药研发创新中心、中药材生产实训中心、中兽药生产实训中心、分析检测中心和营销训练中心。

室、博士后工作站等高端研发平台，组建由博士、教授、科技特派员领衔的技术技能团队，为中小微企业解决生产、研发等关键技术难题，开展技术服务。

7. 社会服务

铜仁职业技术学院利用技术技能平台，攻关中兽药生产关键核心技术，研发新产品、制定新标准、开发新工艺，加强技术成果的推广转化，推动中小企业产品升级，服务中兽药制药产业；组建服务团队，选派教授、博士、硕士、技术能手等专家进企驻村，开展讲座培训，培育新型职业农民，助推脱贫攻坚、乡村振兴；对接中兽药生产、研发、质检、销售岗位群开展各种技术技能培训，推广新技术、新工艺，完成职业资格技能培训600人次、技术服务1万人次以上；在专业建设、课程改革、实践教学基地建设、社会服务等方面辐射带动兄弟院校协同发展。

8. 国际交流与合作

铜仁职业技术学院通过"引进来""走出去"，建设老挝分院，为东盟沿线国家提供技术技能培训；服务国家"一带一路"倡议，培训沿线国家企业员工800人次，培养留学生100名，师生国际交流培训200人次；推送中兽药先进的生产技术、标准、人才培养方案、课程标准，提升国际化合作办学能力，扩大国际影响力。

9. 可持续发展保障机制

铜仁职业技术学院建立五业联动机制，深化产教融合，通过共建实训基地、教学资源、双师队伍等方面，实现人才、资金、设备和技术资源共享，形成优势互补的资源共建、共享的保障机制。适时调整优化群内专业布局，满足产业发展趋势及产业升级对人才的需求，构建群内专业动态调整机制。强化目标管理，突出建设实效，确保中央财政、地方财政、学院自筹资金、社会资本发挥最大的效益。建立科学、有效的专业群内部质量保障机制，成立建设质量保证委员会，做好内部质量保证体系整体设计，确保高质量完成建设任务。

参 考 文 献

[1] 教育部．关于印发高等职业教育创新发展行动计划（2015—2018 年）的通知［Z］．教职成〔2015〕9 号．

[2] 王晓东．优质高职院校建设专题调研报告［J］．中国职业技术教育，2014（35）：15-18+42．

[3] 郑小明．建设优质高职院校的背景、内涵与标准［J］．江苏教育研究，2016（01C）：59．

[4] 徐玉成，贾少华．优质高职院校建设的内涵、着力点与行动路径［J］．职业与教育，2018（16）：30-36．

[5] 罗婕，陈智刚，叶加冕．优质高职院校内涵探析［J］．昆明冶金高等专科学校学报，2018（2）：2．

[6] 马树超．从示范高职项目到优质高职院校建设——在创新发展高职教育暨 2014 年全国高职高专校长联席会"优质高职院校建设专题研讨"大会上的主旨发言［EB/OL］．http：//183.129.243.152/gzgz/index/info/article_id/626．

[7] 任占营．优质高等职业院校建设的思考［J］．国家教育行政学院学报，2018（7）：47-52．

[8] 贵州省教育厅办公室．关于开展 2016 年贵州省优质高职院校评选工作的通知［Z］．黔教办职成〔2016〕134 号．

[9] 浙江省教育厅、浙江省财政厅．关于实施广东省一流高职院校建设计划的通知［Z］．浙教高〔2016〕144 号．

[10] 广东省教育厅、财政厅．关于在高职院校实施优质暨重点校建设计划的

通知［Z］. 粤教高函〔2016〕155号.

［11］山东省教育厅、财政厅. 关于实施山东省优质高职院校建设工程的通知［Z］. 鲁教职字〔2017〕4号.

［12］湖南省教育厅. 关于实施湖南省卓越职业院校建设计划的通知［Z］. 湘教通〔2015〕167号.

［13］四川省教育厅. 关于实施四川省优质高等职业院校建设计划的通知［Z］. 川教函〔2017〕418号.

［14］云南省教育厅. 关于实施云南省优质高职院校建设计划的通知［Z］. 云教高〔2016〕109号.

［15］周建松. 优质高职院校建设重点与路径研究——基于示范性高职院校建设计划到创新发展行动计划演进的视角［J］. 职教论坛, 2017（12）: 5-11.

［16］卢玲. 优质高职院校建设: 背景、内容和路径［J］. 中国职业技术教育, 2017（33）: 21.

［17］易烨. 优质高职院校建设的历史逻辑与路径选择［J］. 职教通讯, 2019（7）.

［18］王寿斌. 扶优扶强, 优质校建设集结号吹响［N］. 中国教育报, 2016-11-22（10）.

［19］侯长林. 侯长林文集（高职教育卷）·大学精神与高职院校跨越发展［M］. 北京: 北京理工大学出版社, 2012.

［20］徐国庆. 构建中国特色的职业教育专业认证体系［J］. 教育发展研究, 2018, 38（07）, 21-27+39.

［21］教育部办公厅. 关于建立职业院校教学工作诊断与改进制度的通知［Z］. 教职成厅〔2015〕2号.

［22］教育部职业教育与成人教育司. 关于印发高等职业院校内部质量保证体系诊断与改进指导方案（试行）启动相关工作的通知［Z］. 教职成司函〔2015〕168号.

[23] 刘海．教学诊断与改进：职业院校质量提升的内生动力［J］．职业技术教育，2016（18）：19-23.

[24] 教育部．关于公布高等职业教育创新发展行动计划（2015—2018年）项目认定结果的通知［Z］．教职成函〔2019〕10号．

[25] 国务院．关于印发国家职业教育改革实施方案的通知［Z］．国发〔2019〕4号．

[26] 教育部，财政部．关于实施中国特色高水平高职学校和专业建设计划的意见［Z］．教职成〔2019〕5号．